mentoría
De mujer a mujer

mentoría
De mujer a mujer

LIBO KRIEG Y ABBY RODRÍGUEZ

Con porciones de *Friend to Friend*, por Edna Ellison

Woman's Missionary Union
P. O. Box 830010
Birmingham, Alabama 35283-0010

© 2004 por Woman's Missionary Union
Todos los derechos reservados. Primera Impresión 2004
Impreso en los Estados Unidos de America
Woman's Missionary Union® y WMU® son marcas registradas.

Dewey Decimal Classification: 283.843
Subject headings: HISPANIC CHRISTIAN WOMEN—RELIGIOUS LIFE
MENTORS
BIBLE-N.T.-PHILLIPIANS

Si no se indica de otra manera, los textos bíblicos son de versión Reina-Valera 1960, Sociedades Bíblicas en América Latina. Usada con permiso.

Parte II: Traducción por Gisela Ponce de Horta, de porciones del libro *Friend to Friend,* por Edna Ellison (Birmingham, Alabama: New Hope Publishers, 2002).

"Encuesta de aprendiza," página 102, es traducción de "Mentor Me Survey" del libro *Seeking Wisdom: Preparing Yourself to be Mentored,* por Edna Ellison y Tricia Scribner (Birmingham, Alabama: New Hope Publishers, 2001).

"La mentora y la aprendiza pueden ... ," página 103, es traducción de "Things you can do with your merea" del libro *Woman to Woman: Preparing Yourself to Mentor,* por Edna Ellison y Tricia Scribner (Birmingham, Alabama: New Hope Publishers, 1999).

Fotografía de la portada: Theresa Barnett
Diseño de la portada: Bruce Watford

ISBN 1-56309-604-8

L024107 • 0204 • 1M1

contenido

Carta a la lectora .... *vii*

Parte I

1 ¿Qué es la mentoría? 1

2 Características de una mentora 5

3 Características de una aprendiza 11

4 ¿Cómo puedo ser mentora? 15

5 ¿Cómo encuentro a una mentora? 21

6 Parámetros de la relación 25

7 ¿Tiene usted el llamado para ser mentora? 27

Parte II

Entre amigos: **Estudio compartido de Filipenses** 31

Introducción 33

Unidad 1: Señor, ¿quién soy yo … en Ti? 35

Unidad 2: Señor, vivo en un mundo de personas imperfectas 49

Unidad 3: Señor, mantén mi barca serena 65

Unidad 4: Señor, ¡me asusta ser líder! 83

Apéndice: Superación Integral para la Mujer 99
Encuesta de aprendiza 102
La mentora y la aprendiza pueden … 103
Notas a la Parte I 105
Acerca de las autoras 109

estimada lectora:

A veces uno tiene que decidir entre dos opciones y tratar de elegir la mejor. A veces la opción mejor es obvia y a veces no la es. Lo que decidimos hacer con esta obra sobre la mentoría entre mujeres cristianas es combinar lo mejor de dos fuentes ricas sobre este tema. Recibimos una buena contribución de las hermanas Libo Krieg y Abby Rodríguez; y a pesar de la excelente calidad de su contribución, se nos hacía falta de algo. Necesitábamos algo más para elaborar lo que las hermanas Krieg y Rodríguez habían comenzando tan elocuentemente. Así que encontramos una buena obra en inglés sobre la mentoría que provee un buen complemento de esta obra.

Se va a dar cuenta que esta obra parece a dos libros integrados a uno, y así lo es. La primera parte es por las hermanas Libo Krieg y Abby Rodríguez, y la segunda parte son citas del libro *Friend to Friend* ("amiga a amiga," aquí traducido *Entre amigas*) por Edna Ellison. También se incluye un apéndice sobre la centralidad de la mentoría en el ministerio de Superación Integral de la Mujer.

La única obra sobre este tema en español, esta compilación es de alta calidad y sabemos que usted va a ser bendecida por leerla. Esperamos que este manual que usted (mentora o aprendiza) va a usar en sus sesiones de mentoría sea de gran bendición, mientras las dos crezcan en su caminata con el Señor. Que Dios la bendiga y que disfrute el libro.

Atentamente,

Steve Murdock
Editor de Recursos de Idiomas
Unión Femenil Misionera

parte I

capítulo 1:

¿Qué es la mentoría?

Mentoría? ¿Ha escuchado usted esta palabra? ¿En qué consiste? Si ha oído acerca del concepto de mentoría, ¿por qué participar en esta actividad? ¿Es otra cosa que el pastor quiere que haga? ¿Puedo yo hacer esto? ¿Es bíblico? ¿Dónde se encuentra en la Biblia? ¿Hay entrenamiento para esto? ¿Quién lo hace, y dónde lo busco? Si usted ha hecho algunas de estas preguntas, siga leyendo este libro. Esperamos que pueda recibir las respuestas.

La mentoría siempre ha sido parte de nuestra cultura. Los padres toman un papel muy importante en la mentoría de los hijos, especialmente en los años tempranos. Nuestros padres son nuestros primeros mentores para aprender acerca de la vida. Los artesanos tienen aprendices a quienes les enseñan su arte. Muchos oficios, como plomeros, electricistas, y mecánicos, ocupan aprendices para preparar buenos trabajadores. Otra área que usa la idea de mentores es la de los deportes. Los entrenadores forman una relación de mentoría con el equipo o el individuo.

La idea de mentoría se presenta en las escuelas primarias y secundarias en estos días. Hace algunos años que se empezaron a pasar anuncios por la televisión en que actores u otras personas famosas retaron al público a ser mentores en las escuelas. El propósito de estos programas es ayudar a los niños y jóvenes a mejorar las calificaciones en los estudios. Pero también se ve que mejoran en su actitud frente a la vida y encuentran propósito para sus estudios. La mentora en las escuelas toma el papel de animadora o "cheerleader." Si observamos lo que se ha hecho en estos programas veremos grandes logros para muchos jóvenes.

En la cultura hispana aquí en los Estados Unidos, hay una gran necesidad de mentoría para mujeres. Muchas mujeres llegan a este país buscando una vida mejor. Pero al llegar, se encuentran con problemas y montañas que vencer como la necesidad de aprender otro idioma, encontrar trabajo, entender el sistema monetario, conocer el sistema de tránsito y aprender a hacer compras en tiendas y supermercados. Hay muchas otras cosas que aprender. Una mentora, o amiga, es como un regalo para la recién llegada a este país. Ella busca a alguien con conocimiento de todas estas cosas. Aquí, una iglesia o grupo de cristianos puede empezar un programa de mentoría.

Cuando primero oí acerca de este concepto pensé que yo necesitaba una mentora para muchas áreas de mi vida. O quizás yo requería más de una mentora, porque con todas las áreas de mi vida que estaban en necesidad, ¡una mentora se cansaría muy pronto! Pero al estudiar y aprender más sobre el tema, descubrí que el Señor ya había mandado varias mentoras a mi vida. Durante mi juventud, mis años en la universidad, como soltera profesional, como nueva esposa, y nueva madre, Dios me mandó mentoras.

Aún ahora tengo mentoras que me animan y me ayudan a ver la mano de Dios trabajando en mí. Empecemos a contestar la primera pregunta que se presentó al principio.

La respuesta a la pregunta "¿Qué es la mentoría?" es algo práctico. Podemos definirla de varias maneras:

Ser mentora es compartir semillas del impacto que Dios ha hecho en la jornada de mi vida. La mentoría es dirigir hacia otra persona su propio amor para Dios con el propósito de que esa persona vea la misión de Dios para su vida y sea obediente a su llamado. La hermana Robyn Claydon ofrece esta definición: "equipar, enseñar, entrenar, animar, motivar y dar poder a alguien para que lleve su potencial al máximo."[1]

El libro *Mentoring: Confidence in Finding a Mentor and Becoming One,* por Bobb Biehl, define la mentoría como una relación en que un mentor ayuda al aprendiz a alcanzar el potencial que Dios le ha dado. La mentoría consiste más en "¿Cómo te puedo ayudar?" que en "¿Qué te debo enseñar?"[2] El enseñar al aprendiz es parte de la mentoría. Veremos más adelante en otro capítulo la mentoría como enseñanza y como ayuda.

Robyn Claydon describe la mentoría como una carrera de postas (relevos) en las Olimpíadas. La corredora mayor pasa la batuta a la que viene detrás de ella. El líder con más experiencia en la carrera cristiana está en proceso de pasar la batuta. No la pasa de repente, ni se la tira, ni se la pasa rápidamente, sino que la pasa mientras corren lado a lado por un buen tiempo, dándole fuerza, y ánimo y asegurándose que esté lista para seguir sola.[3] ¡Qué bonito cuadro de cómo debe ser la mentoría! Es correr al lado de alguien hasta que pueda seguir adelante ella sola.

En este libro usaremos esta definición de mentoría: Es una relación a largo plazo en la cual la mentora anima a una aprendiza para que alcance el potencial que Dios le ha dado. En el contexto cristiano la mentoría tiene como propósito el desarrollo espiritual para engrandecer el reino de Dios. Al crecer espiritualmente la persona no sólo comparte su fe y experiencia con otros; también cultiva relaciones en que ella llega a ser mentora. Cada mentora necesita una mentora, y cada aprendiza debe llegar a ser mentora. Así crece el reino de Dios.

Podemos ver una necesidad de mentores dentro del contexto cristiano. Nos encontramos en una sociedad muy móvil geográfica y socialmente. La abuela o mamá no está cerca para animar, apoyar o contestar preguntas. Para la cristiana la urgencia de mentoras se debe a la falta de modelo de mujeres cristianas. En el presente, en los Estados Unidos hay un gran número de cristianos evangélicos. Pero parece que no influyen grandemente en la sociedad. Es difícil reconocer quién es cristiano y quién no lo es. A veces no hay distinción. Por esta razón es imperativo que las cristianas jóvenes o recién convertidas busquen mentoras para modelar la vida cristiana.[4]

La idea de mentoría es bíblica. Los primeros mentores se encuentran en la Biblia. El mundo secular usa la idea de mentoría pensando que ésta es una nueva invención. Pero en realidad es una idea que Dios propuso. La mentoría es parte del plan de Dios. Por eso se ve que funciona en todas las áreas de nuestra vida: en relaciones familiares, en nuestra carrera profesional, en deportes, en los estudios académicos y en las artes. La lista es larga. En este libro exploraremos la necesidad de mentoras entre cristianas.

En el contexto cristiano la mentoría se usa con personas dispuestas a crecer y cambiar cosas que estorban su crecimiento. El autor John Mallison, en su libro *Mentoring to Develop Disciples and Leaders,* describe la mentoría cristiana como la expresión de nuestro día para describir el enfoque de la comunidad cristiana de la iglesia primitiva. Aquellos creyentes tenían una relación dinámica de confianza en alguien que daba poder para llegar a recibir la gracia de Dios en su vida y servicio. La base es el modelo de Jesús, y mantenemos todo lo que es constante con la vida y las enseñanzas de El. La historia de John Wesley nos muestra que la mentoría es importante. En 1743, John Wesley dio "Las Reglas Generales para las Confraternidades Metodistas," que incluye la regla, "Cuidarse uno del otro en amor." Esta fue la clave para guardar a los convertidos en este avivamiento. En las clases o en los estudios uno a uno se mostraba el amor.[5]

Se menciona anteriormente que la mentoría es compartir semillas. La semilla es la Palabra de Dios. Nuestro modelo de mentoría es Cristo. Uno de los mejores modelos es la forma en que Jesús convivió con los discípulos. El Nuevo Testamento está lleno de pasajes en los cuales se usa "uno con el otro" y "juntos" cuando habla de la vida cristiana. Nos muestra el poder de la unión. El pueblo de Dios debe estar unido. Cada cristiano, no importa la edad o experiencia, puede ser mentor o aprendiz. La mentoría es muy importante en la vida del discípulo cristiano.

La necesidad para la mentoría es muy grande y urgente. Todas, tarde o temprano, tendremos la necesidad de recibir mentoría. Aun cuando seamos mentoras, vendrá el tiempo en que nosotras necesitaremos una mentora también. Hay veces que servimos de mentora en nuestros propios dolores y angustias de la vida. Es en estos momentos que Dios nos ayuda a crecer (a la mentora y a la aprendiza). Es maravilloso pensar cómo Dios obra. Cuando somos vulnerables delante de nuestra aprendiza, ella ve que somos como cualquier otra persona que busca respuestas también. Somos humanas con problemas pero con esperanza en Cristo.

¿Por qué es importante la mentoría?

1. Porque Dios nos creó con la necesidad inexplicable de ser cuidadas e instruidas.
2. Porque vivimos en una sociedad móvil y transitoria.
3. Porque toda mujer tiene necesidad de hablar y discutir sus sentimientos y pensamientos.
4. Porque necesitamos afirmación.

Estas son algunas de las razones que Esther Burroughs da en su libro, *A Garden Path to Mentoring.*[6]

Para mí, la mentoría ha sido una gran bendición. A lo largo de mi vida he conocido a mujeres que me inspiraron y me ayudaron a alcanzar mis sueños y metas. Veo la mentoría similar a un matrimonio cuando dos personas hacen el compromiso de estar juntos en las buenas y en las malas. Una amiga me invitó a dar una conferencia en su iglesia. Al fin de la conferencia ella se acercó y me dijo: "Hemos pasado por las malas y por las buenas juntas." Eso es la mentoría.

El pasaje bíblico que manda a las mujeres a que sean mentoras es Tito 2:3–8:

> "Las ancianas asimismo sean reverentes en su porte; no calumniadoras, no esclavas del vino, maestras del bien; que enseñen a las mujeres jóvenes a amar a sus maridos y a sus hijos, a ser prudentes, castas, cuidadosas de su casa, buenas, sujetas a sus maridos, para que la palabra de Dios no sea blasfemada. Exhorta asimismo a los jóvenes a que sean prudentes; presentándote tú en todo como ejemplo de buenas obras; en la enseñanza mostrando integridad, seriedad, palabra sana e irreprochable, de modo que el adversario se avergüence, y no tenga nada malo que decir de vosotros."

Este pasaje bíblico es la base para la mentoría entre mujeres cristianas. Se examina en este libro cada frase de este versículo. Veremos reflexiones de estas características en las mujeres bíblicas que estudiaremos y en las mujeres que han tenido gran influencia en nuestras vidas.

Actividades para el Capítulo 1

1. Piense en una mujer que ha influido en su vida espiritual. Escriba su nombre en una hoja de papel y dele gracias a Dios por ella.

2. Piense en qué áreas de su vida ha recibido ayuda o ánimo de otra mujer. (En el área académica o profesional, en su trabajo o como madre o esposa.)

3. ¿En qué área de su vida le gustaría recibir ayuda o aprender más?

4. Lea Tito 2:3–8.

Oración: Padre, quiero ser una hija obediente. Con tu gracia puedo ser obediente. Ayúdame a encontrar mi lugar en la mentoría, como mentora o como aprendiza. Si es tu voluntad que sea parte de un grupo de mentoría, muéstramelo.

capítulo 2:
Características de una mentora

Como mujeres, por naturaleza somos mentoras o aprendizas. Se nos facilita hablar con nuestras amigas de las cosas más profundas e íntimas. La edad no importa. La distancia entre personas no tiene que ser una limitación tampoco. Pero el poder vivir cerca de su mentora o aprendiz es una ayuda muy grande. A veces aquellas personas que no pueden salir de su hogar son buenas mentoras. Ellas pueden llamar por teléfono o invitar para que le visiten en casa. Esto sirve un doble propósito. La aprendiza recibe ayuda para el crecimiento, y la mentora recibe la compañía y un mayor sentido de propósito para su vida.

Claro, lo más obvio es que una persona mayor de edad (de años dorados) pueda servir como una mentora activa. Pero no toda persona de edad avanzada es buena mentora. Los muchos años no siempre dan la sabiduría o las otras características que se necesitan para la mentoría.

En las actividades del primer capítulo le pedimos que pensara en las mujeres que han ejercido influencia en su vida. Al pensar en esas personas, examine sus características. ¿Qué tienen en común? ¿Encuentra algo similar que le llamó la atención?

Las mujeres que han influido en mi vida demostraron varias de las mismas características. Tres mujeres que fueron mentoras en mi juventud fueron mi mamá, mi tía Julia y mi maestra de la Escuela Dominical. Todas mostraron la paciencia, la dedicación al Señor y el amor incondicional. Al hacer el estudio para este libro, encontré listas de cuáles deben ser las características de una mentora. Estas mujeres reflejaban muchas de estas características. Cuando considero ser mentora de alguien me pregunto: *¿Tengo yo estas características? ¿Estoy dispuesta a desarrollar estas características en mi vida?*

Usaremos esta lista de características que son apropiadas para una mentora cristiana:
1. Tiene un compromiso con Dios.
2. Es honesta, sincera y vulnerable (transparente).
3. Escucha atentamente.
4. Sirve sin condición.
5. Anima.

6. Aconseja.
7. Entrena (como entrenadora).
8. Es motivada y disciplinada.
9. Es maestra; le gusta enseñar.
10. Es modelo y puede guiar.
11. Le gusta aprender.

La lista no es exclusiva. Hay muchos otros dones y destrezas que una mentora puede poseer. Estos son los más importantes y comunes entre mentoras. El orden de la lista no tiene significado, pero la primera característica es el primer paso.

¿Quién puede ser mentora?

• **Alguien comprometida con Dios.** Una mujer cristiana madura y comprometida con Dios puede ser mentora. Estas preguntas pueden usarse para confirmar si usted está lista para ser mentora:

1. ¿He entregado mi vida a Cristo?
2. ¿Amo al Salvador y deseo obedecerle?
3. ¿He permitido que Cristo camine conmigo en los momentos más difíciles?
4. ¿En alguna ocasión he fracasado, caído o luchado?
5. ¿Conozco la experiencia de haber sido desilusionada?
6. ¿Tengo compasión por los problemas de los demás?
7. ¿Estoy creciendo en Cristo y en mi comprensión de su fidelidad?
8. ¿Siento que el Señor me está llamando a ser mentora?[7]

Las respuestas a estas preguntas sirven como una buena guía para una evaluación propia. Si usted ha respondido *sí* a algunas de estas preguntas, tiene una buena posibilidad para ser mentora. No tiene que ser perfecta ni tener todas las soluciones. Pero sí necesita saber a dónde ir para encontrar esas soluciones.

Un requisito básico para ser mentora es tener una relación "dinámica" con Dios. Con *dinámica* quiero decir que crece diariamente porque Dios está trabajando en su vida. También debe tener la habilidad de escuchar y responder sensitivamente y animar. En el libro de la autora Esther Burroughs, *A Garden Path to Mentoring*, se compara la mentoría a un jardín. Para cultivar un jardín (la aprendiza), hay que usar herramientas apropiadas. Las herramientas incluyen nuestra fe en Dios; la dependencia en Dios; la sabiduría de Dios; la verdad en acción para Dios; la gracia y la misericordia de Dios; los oídos para escucharle, de parte de Dios; y la perseverancia, la fuerza y el gozo de Dios.[8]

El ser mentora no siempre es fácil. Pero es muy necesario en nuestro día. Hay una gran necesidad de mentoras. Para ser mentora es preciso buscar a Dios para obtener todas estas herramientas. Solas no podemos, pero con Cristo todo lo podemos (Filipenses 4:13).

• **Alguien que escucha atentamente** con los oídos de Cristo. Es una característica importante. Es muy esencial en toda relación escuchar a la otra persona. En la mentoría también es muy importante. Cuando se escucha a la aprendiza se puede aprender cuáles son sus necesidades y los logros que ya ha alcanzado. Escuche con mente abierta sin juzgar. Es crítico no formar prejuicio de las situaciones en que la aprendiza se encuentra. Al escuchar a la aprendiza, una mentora debe comunicarse honestamente con ella.

Cuando pienso en las personas que han sido mis mentoras, veo un hilo común: la honestidad o la franqueza. Veo la honestidad como primordial en una relación de mentoría. Una mentora muestra honestidad cuando comparte lo que ve, para ayudar a la aprendiza. Una mentora honesta puede hablar sinceramente para decir cómo puede mejorar un área débil. Lo puede decir con amor, sin lastimar los sentimientos.

Las características de ser honesta, sincera y transparente están relacionadas para fomentar la relación de mentoría. La relación debe basarse en el amor. Cuando amamos a alguien con el amor de Cristo, vamos a demostrar honestidad, sinceridad y transparencia. En la mentoría no hay lugar para ponernos máscaras. Aun las mujeres más dedicadas a Dios a veces pueden tratar de aparentar un gozo espiritual como si no tuvieran ninguna preocupación. Seamos sinceras en nuestros motivos y acciones. Esto ayuda a una relación sana. En el libro *Woman to Woman: Preparing Yourself to Mentor*, la autora Edna Ellison prepara unas actividades para examinar si estamos llevando unas máscaras. Da una lista de problemas y maneras en que los cubrimos.[9] Piense en cuáles de estas máscaras se pone para esconder el problema.

Problema—Manera no saludable de responder
1. **Dudas acerca de Dios**—Respondo: "Dudar es falta de fe, y eso es pecado."
2. **Inseguridades acerca de mi apariencia**—Respondo: "Yo no busco atraer a los hombres. No puedo influir en que se fijen en mí o no."
3. **Temores**—Respondo: "Pasarán. No es nada serio."
4. **Fracasos del pasado**—Respondo: "¿Yo? Yo nunca haría eso."
5. **Enojo**—Respondo: "No estoy enojada" (aunque tenga las venas de la frente saltadas).
6. **Desilusión**—Respondo: "No, todo está bien. Cuando tengo problemas, me regocijo en el Señor y sigo adelante."

Muchas veces nos ponemos máscaras para vernos como angelitos. No queremos que se nos caiga la aureola. Queremos iluminar nuestro alrededor pero lo hacemos falsamente.

La mentora debe mostrar a la aprendiza una transparencia en su vida. Cada una sufre de muchas subidas y bajadas. La aprendiza también tiene la responsabilidad de comprender esto de la mentora. No somos "supermujeres." Nos cansamos, desanimamos y pasamos por pruebas difíciles. A veces me preguntan: "¿Cómo está, hermana Libo?" Me gusta responder: "Estoy en prueba pero en victoria."

• **Alguien que sirve sin condición.** Muchas personas piensan que la mentoría es guiar. Y sí lo es. Pero también es servir a la aprendiza. La mejor manera de enseñar, guiar o dirigir a la persona es por mostrar amor en acciones de servicio.

En la vida de mis mentoras he observado que ellas sirven o sirvieron a todas las personas sin condición ni esperar nada. Cristo nos dio el ejemplo de servir y dirigir a otros. Cuando El quería enseñar la lección de liderazgo a los discípulos, Cristo les servía de una u otra manera. Les lavó los pies para hacerles entender que servir con amor es la mejor manera de mostrar amor (Juan 13:1–5). Una mentora tiene que saber que servir a la aprendiza es una forma de guiarla. No va a ser fácil, pero debe buscar lo bueno en cada situación.

Nuestro servicio a otros no se basa en lo que vamos a recibir, sino en cómo vamos a reflejar el amor de Dios. Nos arrodillamos, tomamos la toalla y limpiamos sus pies.

• **Alguien que anima.** El trabajo mayor para una mentora es animar a la aprendiza. A todos nos gusta tener una "cheerleader" (animadora) dándonos porras: "¡Haz lo mejor!" "¡Tú lo puedes hacer!" "¡Tú eres lo mejor!" "¡Esfuérzate y sé valiente; Dios está contigo!" (Josué 1:6, 9). Estas son algunas frases que podemos usar para animar a nuestra aprendiza. La Biblia nos dice que debemos animarnos (Hebreos 10:24–25; Filipenses 2:1–2), pasándoles a otras la unidad que tenemos en Cristo.

Nuestra presencia o una tarjetita de ánimo es necesaria cuando la aprendiza pase por tiempos difíciles. También, una llamada telefónica o el correo electrónico puede ayudar. Una persona que anima es una persona positiva. El primer año que enseñé en la secundaria, compartí el cuarto con una maestra de varios años de experiencia. Ella es la persona más positiva que he conocido. Todos nos quejábamos de la comida que servía la cafetería, menos Ana. Si nada en el plato tenía buen sabor, ella comentaba sobre los bonitos colores de las comidas. "¡Qué bonito color anaranjado el de las zanahorias!" Y si los colores de la comida estaban muy pálidos, comentaba en qué limpios estaban los platos. Siempre encontraba algo positivo en todo. Para mí fue una mentora profesional, pero también en la vida cristiana. Buscaba lo positivo en todos sus estudiantes. Así reflejaba el amor de Cristo. Sus estudiantes siempre sacaban buenas notas por el ánimo que ella les daba. Así debemos ser con nuestra aprendiza.

Una razón por la cual una mentora tiene que ser muy positiva es porque la aprendiza tendrá muchas cosas negativas en su vida. Para algunas de las aprendizas la mentora será lo único positivo en su vida. La mentora refleja el amor de Cristo que da la esperanza y una vida positiva.

Un ejemplo que nos ayuda a ver la importancia de animar en la mentoría es el corredor de maratón. Robyn Claydon comparte la historia de un corredor de los Juegos del Commonwealth en Fiji. Miles de personas esperaban la llegada de los corredores a la línea final. Llegó el primer corredor al estadio, con mucha fuerza, y todos se pusieron de pie para felicitarlo. Después se vio el segundo corredor, con pocas fuerzas, y casi no pudo mantenerse recto. Parecía que no podría terminar. Pero los espectadores se pusieron de pie y le gritaron: "¡Sigue adelante! ¡Lo puedes hacer! ¡Ya llegas al fin!" Le animaron y él recibió la energía y la fuerza para cruzar la meta. Probablemente algunas personas habrían querido ayudarle, cargándolo hasta la línea. Pero no se permitía eso. La carrera era del corredor y él la tenía que terminar solo. Así es la mentoría. La carrera es de la aprendiza y ella misma tiene que correrla. La mentora va a su lado animándola para que mantenga la mente fija en la meta y que siga adelante.[10]

- **Alguien que aconseja.**

Esta característica nos asusta a muchas porque pensamos que sólo una consejera profesional puede aconsejar. El consejero Larry Crabb en su libro *Connecting* dice que lo que necesitamos son personas que nos puedan hablar sabiamente, con sensibilidad, comprensión y significado de nuestras pruebas más profundas, y tal persona no tiene que ser un consejero profesional entrenado.[11]

¿Cómo llegamos a calificar como consejeras?

La Biblia nos llama a ser consejeras en Gálatas 6:2: "Sobrellevad los unos las cargas de los otros, y cumplid así la ley de Cristo." Jesús nos dio el reto de llevar las cargas de otros. Las cargas pueden ser dificultades en las relaciones entre personas, la muerte de un ser querido, la enfermedad física, asuntos de la autoestimación (el concepto que tiene de sí mismo) y preguntas sobre la crianza de los hijos.[12]

Usted está interesada en la mentoría si está leyendo este libro. Usted reconoce a personas que pasan por dolor o pruebas difíciles y necesitan alguien que les aconseje en caminos buenos. Usted ya ha tomado el primer paso importante para ser consejera. Tener compasión e interés en otros es la motivación básica para la mentoría. Hay muchos libros y se ofrecen muchos seminarios para aprender a aconsejar. Estas son buenas oportunidades para mentoras. Pero lo que una conferencia o un seminario no puede hacer es darle la compasión para aconsejar sabiamente. Sólo Cristo lo puede dar. "Pedid todo lo que queréis, y os será hecho" (Juan 15:7).

- **Alguien que entrena/una entrenadora**

Ya se han dado algunos ejemplos deportivos para explicar la mentoría. Cuando veo los juegos de varios deportes y especialmente las Olimpíadas, veo que tengo mucho en común con los entrenadores. El entrenador pasa tiempo con el aprendiz, dando ideas, consejos y ejercicios para mejorarse. Pasa por todo esto para dar una buena presentación o jugar para ganar. Cuando llega el día de la presentación o el juego, el entrenador está tan nervioso y ansioso como el atleta. Así le pasa a la mentora. Pero debemos descansar en las promesas de Dios cuando llegamos a ese tiempo. Como mentoras haremos lo mejor, daremos lo mejor a nuestra aprendiza y dejaremos los resultados a Dios.

Un entrenador tiene una meta para su atleta, y el atleta también tiene sus metas. Dialogan y deciden las metas. Hacen un plan para llegar a esas metas. Así es la mentoría. La mentora y la aprendiza juntas buscan la manera de alcanzar las metas con un plan. Una mentora tiene la habilidad de motivar y buscar la ayuda apropiada para que la aprendiza realice los sueños.

- **Alguien que es motivada/disciplinada**

Si una mentora va a motivar a su aprendiza, ella misma tiene que ser motivada y disciplinada. Esto me cae duro, porque a veces fallo en ser disciplinada. Pero es importante tener estas dos características para ser una mentora eficaz. La motivación viene de muchas fuentes. Por esta razón una mentora necesita alguien a quien dirigirse si hay problemas o alguien a quien ser responsable.

- **Alguien que es maestra/a quien le gusta enseñar**

Otra característica que luego viene a la mente es que una mentora debe ser maestra, alguien a quien le gusta enseñar. Sí, es una característica principal que vamos a examinar más a fondo en otro capítulo. Aquí queremos describir algunos aspectos de la mentora como maestra.

Esta persona encuentra gozo en enseñarle algo nuevo a alguien. Busca maneras de compartir lo que le gusta hacer o lo que sabe de un tema. ¿Por qué es necesario ser maestra? Porque la aprendiza tendrá muchas preguntas y la necesidad de reconocer y aprender de su nueva vida en Cristo. O si está ayudándole en otra área de su vida, ella necesitará instrucción de usted.

• **Alguien que es modelo y puede guiar**
Cuando una aprendiza empieza con una mentora, le verá como su modelo. Un modelo es una persona quien muestra algo, lo que sea, para que otros lo vean. Trata de mostrar todos los aspectos del artículo. El ejemplo de una modelo de ropa se presenta confiada en sí misma y en su producto. Así debe ser la mentora, confiada en quién es ella en Cristo; confiando que Cristo está trabajando en ella y terminando la buena obra que empezó (Filipenses 1:6). Debe confiar en todas las promesas que Dios le ha dado, y confiar en que Dios está obrando en la relación entre ella y su aprendiza.

Guiar a la aprendiza requiere mucha paciencia y determinación de parte de la mentora, pero no hay nada que brinde más satisfacción.

• **Alguien que le gusta aprender**
Una mentora nunca termina de aprender. Aprende a la vez que le enseña a la aprendiza. El amor de enseñar normalmente incluye el amor de aprender cosas nuevas, para tener más entendimiento de la vida. Si dejamos de aprender, nuestra vida se llena del aburrimiento y pierde el propósito. La mentora puede aprender mucho de su aprendiza y puede aprender al lado de ella. Yo aprendo mucho de las mujeres a quienes ayudo como mentora.

Actividades para el Capítulo 2

1. Estudie la lista de características de una mentora. Analice cuáles de estas características posee usted:

Está comprometida con Dios; es honesta, sincera y vulnerable (transparente); escucha atentamente; sirve sin condición; anima, aconseja, entrena; es motivada y disciplinada; es maestra, modelo y guía; le gusta aprender.

2. Haga una lista de sus dones espirituales y talentos después de leer Efesios 4:11–16; Romanos 12:3–8; 1 Pedro 4:9–11; 1 Corintios 12.

Oración: Padre, muéstrame cuáles son mis dones espirituales. Ayúdame a reconocerlos y aplicarlos en mi trabajo como mentora.

capítulo 3:
Características de la aprendiza

Cuando primero oí la palabra *aprendiz* pensé en alguien quien se dedicaba a estudiar algo tecnológico. En un ministerio de mentoría preguntamos: *¿Qué es una aprendiza?* Es la mujer que recibe mentoría. Cada mujer que es nueva creyente necesita alguien que le ayude a entender cómo vivir la vida cristiana. Una mujer puede ser aprendiza en cualquier etapa de la vida.

¿Cómo sé si debo ser aprendiza?

Si quiere hablar con otra cristiana que ha pasado por la misma situación de usted, esto es buena indicación para ser aprendiza. También, si le gustaría que alguien le diera apoyo o ánimo en la vida cristiana, una mentora le será de bendición.[13]

Los papeles de mentoría son de doble sentido. Cada mujer cambia su papel a veces. Un día anima y a veces recibe ánimo.

¿Cómo puedo ser una buena aprendiza?

No se puede lograr con su propia fuerza. Es sólo con el poder y la ayuda de Dios. Ore que Dios le muestre lo que debe aprender. No se sienta como que usted está recibiendo todo. La mentora también recibe bendiciones.[14]

La oración es un elemento esencial en la mentoría. La aprendiza tiene la gran tarea de orar. Hay cuatro cosas por las cuales puede orar:[15]

1. **Humildad.** Ore que Dios le dé la habilidad de recibir consejos y sugerencias con amor y humildad. Su mentora le dirá cosas que quizás no sean agradables al oírlas por primera vez. Pero si ella lo dice con la guía del Espíritu Santo, hay que escuchar y tomar sus palabras en serio.
2. **Una actitud receptiva.** Esto va mano a mano con la humildad. Esté abierta a las sugerencias de cambiar hábitos, actitudes o acciones para mejorar su jornada cristiana o su vida total.

3. Que Dios le ayude a ser honesta. La honestidad de parte de la aprendiza es muy importante también. Vimos que la mentora debe ser honesta. La aprendiza también tiene que ser honesta con sus sentimientos y en todo lo que comparte con su mentora. La oración le ayudará a buscar la manera de ser honesta y saber cómo expresarse.

4. Que sea adaptable. Pídale a Dios que le enseñe cómo adaptarse a cada nueva situación que El le presente.

Desarrolle hábitos espirituales.

Orar, tener un tiempo de meditación en la Biblia diariamente y asistir a la iglesia regularmente son hábitos espirituales. Tener compañerismo con otros cristianos, leer libros de autores cristianos y buscar consejeros sabios como el pastor u otros cristianos también son buenos hábitos.[16] Una aprendiza da evidencia de que su vida espiritual empieza a crecer y que ella misma desea crecer más. Tiene que mantener su mirada en Cristo y no solamente en la mentora. Reconoce que Dios le ha dado una mentora para que su vida pueda seguir desarrollándose.

Haga cosas prácticas.

Como aprendizas, podemos hacer algunas cosas prácticas. El manual para la aprendiza, *Woman to Woman Mentoring: How to Start, Grow, and Maintain a Mentoring Ministry*,[17] da una lista (aquí adaptada) de sugerencias para las aprendizas:

1. Ponerse metas junta con su mentora.
2. Regresar sus llamadas telefónicas dentro de 24 horas.
3. No cancelar citas con su mentora (o con otras agencias de ayuda que son parte de su meta).
4. Llevar su calendario a cada cita con su mentora para planear sus actividades.
5. Ser flexible.
6. Si tiene niños, hacer arreglos de cuidado para ellos cuando se reúna con su mentora.
7. Respetar el tiempo de la mentora.
8. Siempre preguntarle cómo están ella y su familia y si tiene peticiones de oración.

Características de una aprendiza

- **Deseo de aprender.** Una aprendiza tiene un gran deseo de aprender. Ella se ha dado cuenta que hay mucho que aprender para llegar a ser la persona que Dios quiere que sea. Me acuerdo que al estudiar en una clase de sociología en la secundaria, encontré una materia interesante y extensiva. Supe que había mucho que aprender de nuestra cultura y vida en la sociedad. Le dije a la maestra que deseaba aprender todo lo que pudiera de la sociología. Mis estudios universitarios se concentraron en el campo de la sociología. Todavía me fascina leer artículos o libros de esa materia. Una maestra me despertó el hambre de estudiar y sigo estudiando para aprender. Así es la aprendiza.
- **Deseo de crecer y mejorar su vida espiritual.** En el capítulo anterior vimos que una mentora debe estar comprometida con Dios y crecer en su vida espiritual. También la aprendiza debe tener el deseo de buscar más de Dios y querer conocerlo mejor. Su vida demostrará tiempos de crecimiento espiritual. Si la aprendiza no es cristiana pero tiene grandes deseos de mejorar su vida, éste es el momento para iniciar el encuentro con Cristo.
- **Atenta a consejos.** Esta característica es muy importante. Una aprendiza que tiene deseos de aprender y crecer espiritualmente buscará consejos buenos y los escuchará. Tomará estos consejos en serio y los pondrá en práctica. Reconocerá que Dios la está aconsejando por medio de su mentora. Una aprendiza que tiene problemas agradecerá que alguien le diga cómo mejorar sus relaciones con otros, o cómo hacer algún cambio en su vida.
- **Humilde.** La humildad es necesaria para poder aprender cosas útiles para crecer, mejorar la vida y alcanzar metas personales. Ser humilde no es pensar menos de sí misma, sino pensar en otros primero. Aunque la mentoría se concentra en ayudar a la aprendiza, ella tiene que reconocer que no es la única persona en el mundo. La humildad se ve cuando una persona dice, "Tengo mucho más que aprender; enséñeme, por favor."
- **Sincera y transparente.** Ya mencionamos que la honestidad o la franqueza es importante y también el ser sincera y vulnerable. Hay que ser sincera, expresar cómo se siente en cada situación nueva para que su mentora le pueda ayudar. Una mentora dedicada al Señor puede hacer muchas cosas ¡pero no puede leerle la mente a su aprendiza! Lo digo en broma pero a veces pensamos que la otra persona nos entiende tan bien que no le tenemos que decir cómo nos sentimos. Una buena

relación entre mentora y aprendiza empieza con la sinceridad y disposición de ser transparente con la otra persona.

- **Deseo de cambiar su propia rutina.** Esto requiere valentía para muchas mujeres. Si ella ha sido ama de casa por mucho tiempo, el buscar un trabajo nuevo le puede ser difícil. Los hábitos que han sido estorbo o tropiezo para mejorar su vida espiritual o social cambiarán sólo con el deseo de cambiárselos. Una aprendiza verá su situación con sinceridad y tendrá el deseo de cambiar su rutina. Lo hará porque sabe que Dios así lo desea primeramente y El desea lo mejor para todas sus hijas.
- **Buscadora de modelos positivos.** Una mujer que busca a personas positivas, personas que puedan ayudarle a soñar y alcanzar sus metas, será una buena aprendiza. En el capítulo 2 hablamos de que una mentora tiene la característica de modelo o guía. La aprendiza es una persona que reconoce que puede aprender de mujeres que son buenos modelos de la vida cristiana. Hay mujeres que han superado problemas o circunstancias que no eran favorables. Estas mujeres pueden compartir sus experiencias y darle ideas en cómo ella puede salir de situaciones difíciles.

Siempre ando buscando una mujer que me pueda guiar a ser mejor madre, o mejor esposa, o mejor esposa de pastor. Aprendo mucho de mi papel como madre o esposa cuando observo a otras mujeres y veo sus éxitos. Me llaman la atención sus acciones y reacciones a las situaciones semejantes a las mías. Al buscar un modelo, una aprendiza tiene que observar y analizarla para poder crecer y hacer cambios en su vida.

Actividades para el Capítulo 3

Piense en que áreas de su vida le gustaría mejorar o cambiar. Haga una lista de esas áreas y piense en alguien quien le pueda ayudar a mejorar o cambiar esas áreas. Use esta lista como guía.

   Hogar
   Familia
   Educación
   Salud física
   Salud emocional
   Carrera / lo profesional / el trabajo
   Vida espiritual

Oración: Padre, ayúdame a ver las áreas de mi vida que necesitan cambios para agradarte mejor. Trae personas a mi vida que me puedan ayudar en estas áreas. Gracias, Padre.

capítulo 4:

¿Cómo puedo ser mentora?

Ejemplos bíblicos

La Biblia nos da muchos ejemplos de buenos mentores, mujeres y hombres, que podemos estudiar y que nos sirven de guía.

Elisabet y María

Las primeras mujeres mencionadas en el evangelio de San Lucas son ejemplos de mentoras. Los capítulos uno y dos de Lucas narran el nacimiento de dos bebés, Juan y Jesús. Las madres fueron ejemplares. Elisabet, madre de Juan, y María, la virgen escogida por Dios para dar a luz a Jesús, muestran una relación de mentoría. Cuando leemos cómo cada una se regocijó por el anuncio de su bebé, vemos un retrato exacto y precioso de la mentoría. Es un perfecto ejemplo de lo que es la mentoría. Dios las escogió para llevar a cabo un trabajo muy importante, el de ser madres de hijos muy especiales. Elisabet sería madre del que iba a anunciar la venida del Salvador prometido. Y María sería la madre del Salvador. Fue escogida para cumplir la promesa de Dios. Lucas 1:6 y 30 describen el carácter de estas mujeres como justas ante Dios y con favor y gracia delante de El. Estas mujeres buscaban y temían a Dios. Esas son dos características muy importantes de una mentora. En el relato de Lucas, después de los anuncios angelicales, la aprendiza va corriendo a contarle a su mentora lo que le acaba de acontecer. Elisabet muestra la madurez en el modo de recibir a María. Escuchó atentamente todo lo que le contó María. Aunque algo increíble le había pasado a Elisabet, la bendición de su vientre estéril, ella se gozó con las nuevas de María. No mostró egoísmo por la ocasión de su milagro, sino que fue totalmente humilde y benigna.[18]

Aprendemos de Elisabet que una mentora tiene que poner lo personal a un lado por un tiempo para escuchar y gozarse en los logros de su aprendiza. Elisabet se regocijó juntamente con María, por la bendición de María. Esto le dio a la joven ánimo y fuerzas al regresar a Belén para esperar el nacimiento de Jesús. Elizabet fue un buen ejemplo de nobleza, bondad y fe para la joven María. Esta recibió el honor más grande, de ser escogida para traer al Mesías al mundo. María también se gozó con Elisabet al saber del milagro que aconteció en ella.

Dorcas

Dorcas fue una hacedora de la palabra. No sólo creía en Jesús como su Salvador, sino que también era una criatura nueva conocida por sus buenos frutos. Dorcas no hizo nada espectacular como ser reina, juez o líder de una nación. Sólo usó el talento que Dios le dio para hacer la voluntad de El. Su humilde trabajo de coser ropa influyó en muchas personas. Ellas recibieron un vestido nuevo y una bendición del amor de Dorcas. Su muerte nos muestra que muchos la amaban por sus buenas obras. Imaginemos que no sólo fue costurera de ropa para los pobres, sino que también tejió esperanza en cada vida. Eso es lo que una mentora debe hacer.

Otra característica de Dorcas es que trabajaba sin gloriarse. No esperaba recibir nada aquí en este mundo por sus acciones. Su premio la esperaba con el Señor Jesús. Las mujeres a su alrededor vieron un ejemplo de compasión para los abatidos.

¿De qué manera fue mentora Dorcas? Primero, fue humilde, obediente al usar sus talentos para ministrarles a otros, amó sin condición y fue paciente en coser para los pobres. Segundo, hizo todo con amor y lo dio en amor con palabras bondadosas. Quizás les enseñó a las jovencitas su destreza de costurera para que ellas se ayudaran económicamente o ayudaran a otros pobres.[19] (Véase Hechos 9:36–42).

Lidia

Lidia fue otra mujer que demostró las características de mentora. Al contrario de Dorcas, Lidia fue mujer de posición en el mundo de negocios. Se supone que su talento y destrezas la llevaran a lugares de lujo y riquezas. Pero encontramos un espíritu humilde en Lidia. Su historia está en Hechos 16:9–15. Lidia era de Tiatira, pero vivía en Filipos, una ciudad de mucho negocio. En esos tiempos la mujer no tenía lugar en los negocios, así que ella dio un paso gigante.[20]

En lo espiritual, Lidia buscaba la verdad. Por esta razón se congregaba con otras mujeres para orar junto al río. Tomaba tiempo de su horario ocupado para buscar a Dios. En aquel día que Pablo y los demás llegaron a Filipos y se reunieron con ellas, Lidia encontró lo que buscaba (Hechos 16:14–15). Lidia escuchaba las palabras de Pablo atentamente y Dios le abrió el corazón para aceptar a Jesús como su Salvador y fue bautizada. No sólo ella fue bautizada, sino también toda su familia. Aquí vemos la mentoría en el área más importante: una madre que sirve como mentora a su familia. Lidia fue un buen ejemplo de la hospitalidad y la humildad. Le invitó a Pablo: "Si habéis juzgado que yo sea fiel al Señor, entrad en mi casa y posad" (Hechos 16:15). Su valentía como cristiana se ve otra vez cuando Pablo y Silas fueron perseguidos. Ella se mantuvo firme y fiel a su Salvador. Cuando salieron Pablo y Silas de la cárcel, Lidia los hospedó otra vez (Hechos 16:40). No les cerró la puerta. Mostró la hospitalidad sin condición en medio de una tribulación. La hospitalidad no sólo es una característica sino también un don espiritual (1 Pedro 4:9–10). Lidia modeló este don a su familia natural como a su familia espiritual.

Lidia fue valiente en medio de retos difíciles, persecuciones y situaciones dolorosas. Fue una mujer fuerte por su fe en Dios. Podemos estar seguros que hizo impacto en muchas mujeres al probar que una mujer "todo lo puede en Cristo que [la] fortalece" (Filipenses 4:13). Tuvo muchas oportunidades de ser mentora a otras mujeres en la fe.

Priscila

Priscila es otro ejemplo de una mujer y mentora de gran influencia. Fue la esposa de Aquila. Ambos hacían tiendas para vender; se supone que el negocio los hizo mudarse frecuentemente. Una de las mudanzas fue por la expulsión de los judíos de Roma por parte del imperio. Parece que en una de estas mudanzas Priscila y Aquila aprendieron acerca de Jesús.[21] Aceptaron la vida cristiana y crecieron en su vida espiritual por medio de las enseñanzas de Pablo. Pablo les enseñaba mientras juntos hacían las tiendas. Pablo fue mentor de los dos. También Priscila y Aquila servían como mentores a Apolos (Hechos 18:24–26). ¿Por qué mencionamos a esta pareja como ejemplo en nuestro libro sobre la mentoría entre mujeres? Lo hacemos para que veamos todo el cuadro y alcance de la mentoría. Cada miembro de la familia puede participar en servir como mentor a alguien.

El ministerio de Priscila se menciona en varias partes del Nuevo Testamento. Por su energía, inteligencia y amor para con otros influyó a mucha gente en varias ciudades. Pablo dio gracias a ella y a su esposo por arriesgar sus vidas para salvarle la vida a él (Romanos 16:3–4). ¡Qué valor y amor mostraron hacia un amigo y hermano en la fe! Priscila nos enseña que como mujeres sí podemos efectuar cambios y hacer aportes valiosos en nuestro mundo.

Loida y Eunice

Este capítulo no sería completo si no habláramos de dos mujeres, madre e hija, que tuvieron una gran influencia en cierto miembro de su familia. Ellas son Loida y Eunice, abuela y madre de Timoteo, el ayudante de Pablo. Hechos 16:1 nos presenta a un joven discípulo llamado Timoteo, hijo de una judía creyente y un padre griego. Eran de Listra, una ciudad en Asia Menor.

Lejos de su pueblo, Eunice le enseñó a Timoteo su fe en el Dios que su madre a su vez le había enseñado a ella. Este es otro ejemplo que como madres debemos seguir. La mentoría empieza en el hogar. Se piensa que había pocos judíos en Listra y no había sinagoga.[22] Toda la enseñanza religiosa cayó en manos de Eunice y su madre, Loida. Ellas tomaron esta responsabilidad seriamente. Timoteo llegó a ser un fiel predicador del evangelio. Pablo y Timoteo tuvieron una relación de mentoría (1 Timoteo 1:2; 2 Timoteo 1:2; 1 Corintios 4:17). Pero las primeras mentoras de Timoteo fueron su madre y abuela (2 Timoteo 1:5).

¿Qué aprendemos de ellas?

En estos ejemplos vemos características y maneras de cómo podemos ser mentoras. Podemos empezar con nuestras familias. Esto es difícil porque ellas conocen todos nuestros errores y fallas. El reto es más grande para nosotras. Para esta tarea tenemos que acudir al Señor a cada momento para ser ejemplo bueno. Elisabet y María, como parientes, fomentaron una relación de mentoría por una experiencia común. Quizás hay una pariente o amiga o vecina que está pasando por la misma experiencia. Pueden animarse una a la otra y gozar o llorar juntas.

La Biblia nos da el ejemplo de una suegra (Noemí) que amó a su nuera (Rut) y le mostró la fe en un Dios vivo que ella lo hizo suyo. La suegra, Noemí, fue una mujer de edad mayor con experiencias amargas, pero fiel a Dios. Si usted ha pasado por pruebas duras, puede compartir las victorias que ha logrado. También, puede dar instrucciones en cómo sobrevivir las pruebas de la vida.

Puede usar los talentos o las destrezas que Dios le ha dado para la mentoría, como lo hizo Dorcas. Dos cosas se pueden lograr: enseñar a una mujer una destreza que le servirá para ganarse la vida, y también que ella pueda ayudar a ministrar a otras mujeres en necesidad. El ejemplo de Dorcas es un ciclo completo. La necesidad se convierte en una ayuda para otras.

En Lidia y Priscila vemos a mujeres en posiciones de influencia que pudieron influir a su mundo para bien. Si usted tiene un oficio (o influencia) importante, puede usar las oportunidades que surjan para guiar a otras mujeres.

El elemento común en cada una de estas mujeres es que otros dan testimonio de sus vidas. Eran humildes, sabias, inteligentes, bondadosas, valientes, enérgicas, amables y fieles a Dios. Para ser mentoras, debemos pedir que Dios nos dé estas cualidades y nos ayude a desarrollarlas en nuestra vida (Juan 14:13; 15:7; 16:24). No espere hasta tener todas estas características bien desarrolladas. Ahora mismo comience a buscar una aprendiza. Recuerde que usted también está en proceso de crecimiento y aprendizaje.

Ore, mire a su alrededor y encuentre a su aprendiza. Dios le mostrará a quién debe usted tomar bajo sus alas.

Ideas prácticas y originales

Estas mujeres que encontramos en la Biblia son modelos ejemplares para nosotras. El primer paso para empezar su mentoría es la oración. Ore que esto sea la voluntad de Dios. En el estudio de *Mi experiencia con Dios*, el hermano Henry Blackaby sugiere la siguiente oración: Pídale a Dios que le muestre dónde El está trabajando, en quién está obrando y cómo puede usted unirse a El en ese trabajo.[23]

Hay varias maneras de organizar un programa de mentoría. Consideremos dos maneras. El programa individual es cuando dos mujeres que desean crecer en el Señor reconocen que tienen algo en común. Su relación puede empezar como una amistad y desarrollarse en una relación de apoyo y ánimo para realizar metas y sueños. Esta relación de mentoría informal debemos incluirla en nuestra red de amigas.

Otra manera es la de establecer un programa formal en la iglesia. Hoy día hay muchos programas organizados al nivel nacional que ofrecen recursos y guías para fomentar el programa de su iglesia.

Escuché en "Enfoque a la Familia," programa radial del doctor James Dobson, acerca de *Apples of Gold* (Manzanas de oro), un programa de mentoría. La autora del libro, Betty Huizenga, lo escribió para cumplir con el mandato de Tito 2:3–5. El programa consiste en formar un grupo de mujeres jóvenes con mujeres mayores. Se reúnen en hogares, semanalmente, por seis semanas. Preparan una cena, y tienen estudio bíblico.

Hay otros libros disponibles que pueden servir como guía. Estos libros dan lugar a la creatividad. Si organiza un programa de mentoría en su iglesia, piense en las necesidades de su iglesia y forme el programa de acuerdo a ellas.

La Unión Femenil Misionera (UFM) estableció el ministerio llamado la Superación Integral de la Mujer (conocido anteriormente como el Cuerpo Cristiano de Trabajo para Mujeres) con el propósito de ayudar a las mujeres que se encontraban en grandes necesidades a mejorar su situación. Este ministerio es un programa formal e intenso de mentoría. Ha logrado mucho fruto al ayudar a esas mujeres a realizar sus sueños. (Vea el Apéndice de este libro para saber más acerca de Superación Integral para la Mujer.)

Para establecer un programa de mentoría en su iglesia, recuerde estos pasos:
1. Ore sola, y también con dos o tres personas que comparten el sueño de mentoría.
2. Tome una encuesta de las mujeres en su iglesia o comunidad.
3. Identifique las necesidades.
4. Busque obreros que le ayuden en los detalles.
5. Prepárense con estudios y entrenamiento.
6. Permita que Dios le guíe en cada paso.
7. Haga un compromiso con Dios y con la otra persona de seguir en el programa hasta que se realicen las metas.

Cada iglesia debe realizar algún tipo de mentoría para entrenar obreros en sus diferentes ministerios, igual que las asociaciones locales u otras agencias de ministerio. La directora de la UFM de una asociación usa los siguientes pasos para entrenar y poner las mujeres a trabajar:
1. Después de orar, habla personalmente con la hermana indicada. Habla de su llamado y de sus responsabilidades del puesto de servicio.
2. Le da tiempo para orar.
3. En dos semanas o menos recibe la respuesta y hace un contrato por escrito con una lista de responsabilidades y compromiso (de cada cargo). Da una lista de fechas importantes y lugares de reuniones. También pide que firme el contrato.
4. Durante el tiempo de servicio de la directora en el ministerio, ella se mantiene en contacto regular con todo el equipo de la asociación. Ella le dedica tiempo a cada hermana individualmente durante el año. Un aspecto muy importante aquí es que cada mujer tiene la oportunidad de usar su creatividad para planear su evento y hacer el trabajo, pero la directora está cerca o lista para contestar preguntas, dar ideas o compartir experiencias. Tiene cuidado de no traspasar sus límites ni dictar lo que se debe hacer. Mantiene la comunicación abierta. Un ejemplo de mantener la comunicación abierta es escribir lo que se ha hecho y evaluar lo positivo y lo negativo de los eventos y trabajos. Se debe tener la actitud de que los errores son para aprender a mejorarnos. También, es de ayuda si uno puede reírse de sus errores.
5. Da palabras de agradecimiento y les hace ver cómo están sirviendo al Señor.[24]

Estas son algunas ideas que se han usado y que están funcionando para ayudar a las mujeres a ser todo lo que Dios quiere que sean. Hay muchos otros programas que no mencioné. Se puede buscar en bibliotecas, en librerías y en el Internet programas de mentoría en áreas específicas. Todo está a nuestro alcance si solamente extendemos nuestra mano.

Actividades para el Capítulo 4

1. Escoja el modelo bíblico, de los presentados en el capítulo, que mejor la describa a usted. Escriba o comparta con alguien por qué escogió esta mujer y cómo son similares.

2. En el capítulo 3, hizo una lista de cambios que desea hacer. Tome esa lista y piense en qué clase de programa le ayudaría a tener éxito en la vida.

Oración: Padre, gracias por todos estos programas y maneras de cumplir tu mandato en Tito 2, que las mujeres mayores deben enseñar a las más jóvenes. Dirígeme al buscar la mejor manera de ser mentora para alguien.

capítulo 5:
¿Cómo encuentro a una mentora?

Una mentora está muy cerca, alrededor de usted. No tiene que ir muy lejos para encontrarla. Nuestras mentoras pueden ser nuestras madres, tías, hermanas, vecinas, compañeras de trabajo, compañeras de una organización. Hay muchas posibilidades. Lo importante es darnos cuenta que tenemos la necesidad y que deseamos tener una mentora.

Así como el primer paso de la mentora es orar, la aprendiza debe primero orar por una mentora. Al orar, el Señor le indicará y abrirá puertas dónde buscar y dónde está su mentora. El mejor lugar para encontrar una mentora es la iglesia o en la organización de la UFM o del discipulado.

Un buen tiempo para empezar es el presente, hoy mismo. Después de orar, medite en la Palabra de Dios. El está listo para dirigirle a la mentora adecuada. Una ayuda para encontrar su mentora sería en el estudio de la relación de Noemí y Rut.

La historia de estas dos mujeres se encuentra en el libro de Rut (Antiguo Testamento). Noemí y su esposo, Elimelec, salieron de Belén para vivir en Moab. Allí sus dos hijos se casaron con mujeres moabitas. Ellas no conocían al Dios de Israel. Aunque Noemí y su esposo estaban lejos de sus raíces hebreas, seguían las enseñanzas del Dios verdadero. Mantenían su fe firme, aun en medio de un pueblo pagano.

Cuando pasó Noemí por una prueba difícil, vemos que se formó una relación de mentoría.

Lea Rut 1:3–5. ¿Qué tragedia le sucedió a Noemí?

_____

Noemí pasó por una prueba que Dios permitió, y esta prueba sirvió para mostrar la fe de Noemí y servir de lección para su nuera Rut.

Lea Rut 1:8–14 ¿Cuál fue la respuesta de las nueras de Noemí cuando les dijo que regresaran a sus casas?

_____

Las nueras, Orfa y Rut, vieron en Noemí una fe que quizás era fuente de fuerza para ellas al pasar por la pérdida de sus propios esposos. Ellas vieron una Noemí vulnerable y honesta cuando les dijo que ella ya estaba vieja para tener marido o tener más hijos para que cuidaran de ellas. Permitió que vieran su angustia y amargura. Tal vez se sentía culpable de lo que le había pasado a sus nueras. Sus nueras respondieron con amor. Esto nos indica que Noemí había sido una buena suegra y les había mostrado amor siempre. ¿Cuántas de nosotras preferiríamos irnos con la suegra que con nuestra familia? Algunas sí, pero la mayoría seguiría con su propia familia. Orfa regresó, pero Rut tomó otra decisión.

Lea Rut 1:15–18. ¿Qué decisión tomó Rut?

_____

_____

¿Qué le motivó?

_____

Aquí empieza la mentoría. Rut siguió a Noemí porque quería aprender más de su pueblo y su Dios. Estos versículos se usan en muchas bodas como parte de los votos entre los novios, pero aquí existe un pacto entre una mujer joven y una anciana. Es un cuadro de aprendiza y mentora.

En Rut 1:20 vemos otra vez a Noemí vulnerable y honesta. Les dijo a los parientes de Belén que la llamaran *Mara (amargura)* por el resentimiento con Dios por su pérdida tan grande. ¿Podría usted discernir esto si su mentora se sintiera así?

_____

¿Cómo le afectaría a usted?

_____

Rut siguió a Noemí. Podríamos preguntarnos: *¿Quién fue la mentora de quién?* Rut mostró valor y fuerza. Recuerde lo que se ha dicho en los capítulos anteriores, que la mentora también aprende de la aprendiza. Vendrá algún momento de prueba.

Lea Rut 2:1–5. Noemí instruye a Rut para que busque una manera de vivir.

Lea Rut 2:8–23. ¿Qué lección aprendió Rut?

_____

_____

Rut vio que Dios le bendijo cuando ella fue fiel y obediente (versículos 11–12).

En el capítulo 3 vemos que Noemí le dio más instrucciones a Rut para ayudarle a progresar y salir de su problema. Noemí quería lo mejor para su aprendiza.

Lea Rut 3:16–18. ¿Cuál fue la actitud de Rut con Noemí?

_____

¿Cómo trataba Noemí a Rut?

_____

Rut reconoció que Noemí tenía sabiduría y entendimiento que ella todavía no alcanzaba. La obediencia de Rut le trajo gran bendición. Se ve un respeto mutuo. Trabajaron como un equipo, y en el capítulo 4 hay victoria al ver resuelto su problema y alcanzar una meta.

Lea Rut 4. ¿Cómo se resolvió el problema de Noemí y Rut?

_____

_____

En esta historia no sólo vemos una victoria de lo material en que la mano de Dios provee para sus hijas, sino que también vemos una bendición que Rut recibió por ser fiel a las palabras de su mentora comprometida con Dios. Rut llegó a ser parte del linaje del rey David, quien fue parte del linaje del Salvador Cristo Jesús. ¡Qué bendición más grande y privilegio especial! (Vea Mateo 1:5.) Esta es una historia preciosa y llena de lecciones.

Busque su mentora, como lo hizo Rut. No tiene que ser la suegra, pero busque una mujer que demuestre el amor hacia Dios, la fidelidad a su obra y la sabiduría. Estaré orando por usted en la búsqueda.

Oración: Padre, ¡cuánto tus hijas te necesitan! Gracias porque Tú nos provees mentoras para instruirnos en tus caminos. Muéstranos quién has escogido para nosotras. Bendice a nuestras mentoras.

capítulo 6:
Parámetros de la relación

Hay relaciones en nuestra vida que demandan mucho y traen cansancio y a veces resentimientos. ¿Por qué sucede esto? Porque no entendemos la necesidad de poner límites. Pensamos que debemos ayudar a todos y componer todo lo que necesita la reparación. Nos vemos invencibles.

¿Qué son parámetros? Son los límites o las "líneas de propiedad" internas. Estas "líneas internas" son maneras de saber cuáles son y cuáles no son nuestras responsabilidades. Los parámetros son evidentes en todas las áreas de nuestra vida: en lo físico, mental, emocional y espiritual. ¿Por qué debemos poner límites en estas áreas? En cada una de estas áreas, hay cosas privadas y personales. No queremos que nada viole nuestros derechos.

En nuestros parámetros físicos no nos gusta que alguien invada nuestro espacio. Cuando alguien se nos acerca para hablar con nosotros, nos gusta mantener cierta distancia. Aquí demostramos un límite físico.

En los parámetros mentales, tenemos que comprender que nuestros pensamientos son propios y únicos. No nos gusta que alguien nos diga lo que debemos pensar. Algunas personas no saben si su opinión tiene valor. Esto puede suceder cuando crecen con padres que controlan mucho y no les dejan pensar por sí mismas. Hay que reconocer que Dios nos ha dado la voluntad propia para escoger y tomar nuestras propias decisiones.

Nuestras emociones necesitan parámetros también. Los parámetros de la emoción nos permiten reconocer nuestras emociones sin sentirnos culpables. Estos límites nos ayudan a tomar lo bueno y no permitir que lo malo nos perjudique. La crítica es una de las flechas que los parámetros pueden parar. La crítica es buena pero difícil de aceptar sin parámetros. ¿Cómo se siente cuando recibe la crítica? Podemos rechazarla, odiarla o recibirla con buen gusto sin sentirnos inferiores e inútiles. Pero hay que recibir lo que es verdadero para mejorarnos e ignorar lo demás. Esto es recibir la crítica de manera saludable.

Los parámetros espirituales nos permiten tener una experiencia con Dios. Podemos conocer a

Dios como una Persona quien nos ama y desea guiarnos, pero sólo en lugares que nosotros lo permitimos. Apocalipsis 3:20 nos pinta un retrato del respeto que Dios da al límite de nuestra voluntad. Nuestro Padre celestial está a la puerta de nuestro corazón esperando que le abramos. Piense en este límite que Dios se ha dado a sí mismo. No entra sin permiso.

¿Por qué es importante establecer parámetros? ¿Qué pasa si no los establecemos? Hay varias razones por las cuales establecerlos. Una es por nuestra salud total. Nuestra salud física, mental, emocional y espiritual recibe mucho beneficio de un balance que nos ayuda a funcionar con paz y tranquilidad. Podemos ser más eficaces en lo que Dios quiere que hagamos.

Antes de contestar la segunda pregunta, le hago otra pregunta esencial. ¿Cómo llegamos a un lugar en nuestra vida en que no hemos puesto límites o parámetros? Para el cristiano es fácil caer en un ciclo vicioso. Aquí es donde una mentora tiene que tener mucho cuidado para ser eficaz con su aprendiza. El cristiano siente una responsabilidad muy grande de suplir todas las necesidades que ve. Piensa que debe decir sí a todo lo que se le pide. A veces queremos agradar al hombre más que a Dios (vea Proverbios 29:25). Encontramos nuestro significado en relaciones con otros en vez de en la relación con Jesús (vea 1 Corintios 15:58; 2 Corintios 3:8). Pensamos que al decir *no*, reflejamos falta de espiritualidad (vea Tito 2:11–14). Hacemos que el éxito de otros dependa de nosotros y no en su propia voluntad (vea Isaías 53:6).

He visto a algunas hermanas que participan en cada programa de la iglesia porque no hay nadie más para hacerlo. Se les hace difícil decir *no*. Pronto van corriendo a una velocidad rápida y no saben parar hasta que tropiezan con algo.

Aquí se encuentra la respuesta a la segunda pregunta. ¿Qué nos pasa cuando no establecemos parámetros? Nos dañamos a nosotros mismos y muchas veces también a nuestros seres queridos.

Hace algunos años que mi esposo y yo (Abby) aprendimos esta lección. El viajaba constantemente como director de la Unidad Hispana de la Junta de Misiones Norteamericanas. Tenía un ministerio eficaz y reconocía la voluntad de Dios en su trabajo. Pero tenía un deseo de servir en la iglesia local en todo lo que podía. La clave aquí es *podía*. Pensaba que ser maestro de una clase de la Escuela Dominical, uno de los directores de la Unión Varonil, partícipe en el programa de visitación, líder de grupo de parejas, y miembro del comité de finanzas también era la voluntad de Dios. La lista siguió conmigo. Yo estaba en toda organización de la iglesia menos la Unión Varonil y el comité de finanzas. Pasamos por una enfermedad de estrés (tensión) que nos dio el alto. Fue un alto que nos ayudó a reconocer que no podíamos hacerlo todo. Nuestro cuerpo no está hecho para el abuso. Es abuso y desobediencia cuando hacemos más de lo que Dios nos dice.

Moisés sufrió de "exceso" (trataba de hacer demasiado) y en Exodo 18 su suegro, Jetro, le ayudó a ver esto. En Números 20 vemos su desobediencia al no servir a la gente cómo Dios le había mandado. Moisés golpeó la peña en vez de hablarle para hacer el agua fluir y darles a los israelitas. A veces pensamos que Dios nos permite hacer el trabajo como nos parece bien. Pero Dios tiene su plan y propósito que es perfecto. Un pasaje bíblico que Dios nos dio a mi esposo y a mí fue Salmo 46:10: "Estad quietos, y conoced que yo soy Dios …" Si no estamos quietos, no vamos a oír la voz de Dios. Como mentoras y aprendizas tenemos que pasar tiempo quietas para oír la voz de Dios.

Actividad para el Capítulo 6
Tome unos minutos a solas para analizar cuáles son los parámetros que ha establecido en las cuatro áreas. Conteste las siguientes preguntas:
• Físico. ¿Cuál es mi horario cada día? ¿Cómo uso mi tiempo? ¿Descanso suficiente o me siento sin energía? ¿Qué necesito cambiar?
• Mental. ¿Me dejo influir fácilmente o me mantengo firme en lo que pienso? ¿Son positivos o negativos mis pensamientos? ¿Pienso en las cosas de arriba?
• Emocional. ¿Cómo recibo la crítica? ¿Qué opinión tengo de mí misma?
• Espiritual. ¿Busco a Dios primero en todas las áreas de mi vida?

Oración: Padre, ayúdame a poner límites y parámetros en los lugares que Tú me indiques. No quiero dejar de ponerte en primer lugar. Que los parámetros que pongas en mi vida sean para mi crecimiento espiritual y para conocerte más.

capítulo 7:

¿Tiene usted el llamado para ser mentora?

Cada una de nosotras tiene este llamado. Jesús nos dio un mandato de ir y enseñar en Mateo 28:18–20. Después, en Tito 2:4, Pablo nos dio la instrucción de enseñar a las mujeres jóvenes.

Tal vez usted piense que sólo son llamadas aquellas mujeres que han oído una voz de lo Alto. Tal vez piense que necesita ver una zarza ardiendo para recibir su llamado. Dios nos llama con su voz suave y calmada en nuestra caminata diaria. Siempre recuerde que Moisés mostró resistencia a su llamado para sacar a los israelitas de Egipto. El miedo es un sentimiento normal. Pero nosotras, hijas del Dios Poderoso, tenemos la promesa de 1 Tesalonicenses 5:24: "Fiel es el que os llama, el cual también lo hará." No estamos solos ni sin recursos.

Otra promesa que nos da dirección para nuestra tarea de mentoría se encuentra en Efesios 4:11–16. Pablo dice que el Espíritu Santo ha dado dones al cuerpo de Cristo. Ese cuerpo lo somos los cristianos. Nos equipa con diferentes dones y talentos para edificar al cuerpo. Cada una de nosotros tiene destrezas especiales que vienen de Dios.

Si Dios le ha dado un don espiritual y le ha dado el mandamiento de ir y enseñar, entonces está lista para la mentoría. En el capítulo 2 se encuentra una lista de preguntas que puede ayudarle a decidir si usted está lista para ser mentora.

Hay otras preguntas y pasajes bíblicos que se pueden considerar para examinar su motivo. *¿Estoy fingiendo o verdaderamente soy mentora?* Lea Mateo 6:1–6 y medite en las palabras de represión que Jesús nos da acerca de nuestras obras. "Guardaos de hacer vuestra justicia delante de los hombres, para ser vistos de ellos; de otra manera no tendréis recompensa de vuestro Padre que está en los cielos" (versículo 1). ¿Está haciendo esta obra de mentoría para que otras mujeres vean su madurez espiritual?

Cuando somos llamadas a ser mentoras, estamos dejando una herencia para el reino de Dios. En los libros de Exodo, Levítico, Números y Deuteronomio se describe la vida de Moisés. El es uno de los mejores ejemplos de un mentor. Fue el mentor de Josué y de todo el pueblo hebreo. Hay una parte en su historia que me impresionó en cuanto a la mentoría.

En Números 27, unas hermanas cuyo papá murió le preguntaron a Moisés qué se debe hacer de su herencia porque el padre no tuvo hijo. Ellas reclamaban su parte. Moisés en su sabiduría le preguntó a Dios qué debería contestarles a esas hermanas. Dios les dio la herencia a las hijas diciendo que ellas tenían derecho a la herencia. Por primera vez se le da un derecho a una mujer. En Números 36, Moisés repitió que ellas tenían derecho a la herencia. ¿Qué tiene que ver esto con la mentoría? Si Dios tomó el tiempo de hablar de herencias materiales, seguro que El desea que dejemos herencias espirituales. ¡Qué bonito es dejar herencias espirituales a nuestros hijos y a otros! ¿Qué herencia deja usted? ¿Qué herencia tiene usted? Moisés le dejó una herencia de liderazgo a Josué (Números 27:12–23). Lo tomó de su juventud y le instruyó en cómo buscar a Dios para su dirección, cómo tener paciencia con un pueblo que se quejaba siempre. Lo más importante que aprendió Josué fue el ser obediente. Vemos que Josué pasa la herencia a su familia en Josué 24:15: "… pero yo y mi casa serviremos a Jehová."

¿Qué herencia espiritual está dejando usted para su familia y para otros? La mentoría es una manera de pasar esa herencia. Hace unos años que mi papá se jubiló y él y mi mamá eligieron vivir cerca de mí. En ese tiempo vivíamos en Atlanta, Georgia, y se mudaron a una casa a tres millas de la mía. Una querida hermana de mi iglesia me dijo: "Hermana, usted está completa ahora. Tiene a su mamá a su lado, todos sus hijos, su familia está toda junta." Como no tengo hermanas o hermanos era verdad que toda mi familia inmediata estaba cerca. Yo no entendí el valor de esa frase hasta ahora que veo la mentoría como herencia. Yo tenía muy cerca de mí la herencia de la fe de mi mamá. Y tenía muy cerca de mí la aprendiza a quien Dios quería que le pasara la herencia. El ciclo estaba completo.

Una mentora toma a la aprendiza y le muestra por acciones cómo Dios quiere usarla y cómo desarrollarse para llevar a cabo ese plan. Jeremías 29:11 dice: "Porque yo sé los pensamientos que tengo acerca de vosotros, dice Jehová, pensamientos de paz, y no de mal, para daros el fin que esperáis."

Véase la página 105
para notas a la Parte I.

parte II
entre amigas

enriquezca las relaciones por medio de un estudio compartido de Filipenses

EDNA ELLISON
Traducido por Gisela Ponce de Horta

introducción

Creo que la carta a los Filipenses contiene las palabras de gozo más entusiastas de toda la Biblia. ¡Quizás sea por eso que me gusta tanto! ¡Al leerla siento que mi espíritu canta! Preste atención al gozo que sentirá su espíritu a medida que estudie estas palabras. Usted disfrutará mejor este estudio al lado de una amiga. Reúnanse semanalmente para discutir los estudios de cada unidad. Las preguntas al margen están designadas específicamente para que usted y su amiga las consideren juntas, como una forma de profundizar su amistad espiritual. También podrá usarlo en el estudio bíblico semanal para mujeres. Cualquier miembro puede ser facilitadora para la discusión a medida que trabajen en las preguntas y los ejercicios.

Pablo y Silas visitaron Filipos en su primer viaje misionero a Macedonia (Hechos 16:11–12). A medida que se prepara para explorar los pensamientos de Pablo, no espere que la carta va a estar llena de conversación sin significado. Pablo sabía que esta carta iba a ser compartida con muchas iglesias en Macedonia. Sabía que estas profundas palabras de aliento serían significativas para otros además de los filipenses. Con un tono serio, escribió una carta llena de gozo y amor hacia aquellos a quienes amaba, para animarles en tiempos difíciles.

Pablo escribió desde la prisión en Roma, pero no desde un calabozo. Pablo, como ciudadano romano, probablemente vivía bajo arresto domiciliario en un hogar humilde. Pudiera ser que él estaba encadenado a un guarda y forzado a proveerse su propia comida, ropa y otros artículos necesarios.

La vida tampoco era un paseo para los filipenses. Casi todo el mundo en la ciudad tenía prejuicios en contra de este nuevo "culto judío" con estos advenedizos misioneros que causaban problemas. A pesar de todo, la Iglesia de Filipos florecía en su testimonio y en su amor por Pablo, que estaba sufriendo una gran persecución. Todos ellos habían probado la dulzura del gozo de Cristo.

Porque Pablo tenía una relación personal con Dios, él tenía las características de su Señor. Era un líder noble, lleno de coraje y firmeza. Dios tiene mucho que enseñarnos a medida que estudiamos para enriquecer nuestra vida espiritual.

unidad 1:

Señor, ¿quién soy yo ... en Ti?

¿Se ha preguntado alguna vez quién es usted?

Todos tenemos, ocasionalmente, una crisis de identidad. Esta unidad nos ayudará a explorar el llamado de Dios y la forma maravillosa en que somos parte de su propósito para el mundo.

¿Qué le gustaría haber aprendido al final de este estudio bíblico? ¿Está usted buscando gozo que sobreabunde o un lugar en los planes de Dios? Este libro le ayudará a encontrar estos dos importantes tesoros: gozo y propósito en la vida, que vienen solamente a través de Cristo. Este libro le ayudará también a tener confianza en El, el único medio de gozo y propósito. Oro que, a medida que estudie este libro, pueda crecer en el conocimiento de la verdad, y pueda establecer una relación personal con El, que le libra de cualquier atadura.

Si estudia Filipenses con una amiga, esta unidad le dará la oportunidad de encontrar juntas quiénes son ustedes. Podrán hablar de sus experiencias y explorar su llamado hacia el compañerismo como también a una relación individual con Jesucristo. ¿Listas? Respire profundamente, doble la página y ¡comience!

entre amigas

estudio 1
Llamadas a ser siervas
FILIPENSES 1:1

Cuando tenía como diez años, recuerdo a una compañera de clase llamada Lizzie, que no fue a la escuela el primer día del semestre de otoño. Le pregunté a una amiga: "¿Dónde está Lizzie?"

Me respondió: "Lizzie se casó."

"¿Cómo?" exclamé sorprendida. Me preguntaba qué clase de padre le permitió a su niña dejar la escuela para llevar la vida de adulto antes de estar lista. Yo sabía que ese estilo de vida no era una opción para mí. Esa noche, cuando me acosté, me sentí protegida y amada. En forma infantil le di gracias a Dios por mi papá y por la protección que me daba.

Esta unidad de estudio bíblico explorará su relación con su Padre Celestial, al que le puede llamar "Abba" o Padre. ¿No le gustaría que El le arrullara entre sus brazos para que se sintiera protegida y amada mientras lea la carta de Pablo a los filipenses?

Quizá usted se sienta cansada de vivir sola, y quiere descansar en las palabras de Jesucristo, cuando dijo: "Venid a mí todos los que estáis trabajados y cargados, y yo os haré descansar. ... Aprended de mí, que soy manso y humilde de corazón; y hallaréis descanso para vuestras almas" (Mateo 11:28–29).

- Según Mateo 11:28–29: ¿qué dice Cristo que tiene que hacer antes de poder aprender de El?

- ¿Qué dice Cristo que El hará?

- ¿Qué encontrará, mientras aprenda de El?

A medida que se le acerque, El le ayudará a llevar sus cargas. Podrá aprender la dulzura de sus enseñanzas para encontrar descanso en El. Pablo comienza la carta a los Filipenses con un saludo importante: "Pablo y Timoteo, siervos de Jesucristo" (Filipenses 1:1). Desde el comienzo de este libro, Pablo mantuvo una línea recta y un principio vital del cristianismo: nosotros nunca somos mayores que nuestro Señor. Si usted es cristiana, significa que es sierva de Cristo. Pablo siempre mantuvo su vida en esta correcta perspectiva. El sabía que era siervo. Practicaba lo que llamo "el arte de la sumisión," o sea, mantenerse bajo el liderato de Cristo.

El arte de la sumisión
Pablo aprendió bien el arte de someterse. El proceso no es fácil. Le tomó a Pablo varios años aprender y practicar dichos principios. Nuestra naturaleza pecaminosa es egoísta y avara. Mantenernos bajo la autoridad de Cristo es contrario a nuestros instintos naturales, a pesar de haber leído sobre gigantes espirituales como Pablo y otros cristianos en los últimos 2,000 años que se han mantenido concentrados en el Señor. A medida que estudie la vida de estos cristianos, también encontrará la clave para llevar una vida de sumisión. Pablo, que escribió estas palabras como carta de amor a sus amados amigos de Filipos, estaba dispuesto a sufrir en prisión, a humillarse a sí mismo y ponerse bajo la autoridad de Jesucristo sin importar lo que pudiera sucederle. Estaba dispuesto a ser siervo.

Porque Papi lo dice

Cuando yo era niña, mi padre tenía reglas estrictas. El casi nunca gritaba o ponía penitencias, pero esperaba que sus tres hijos hicieran lo que sabían que era correcto. El decía muchas veces: "Lo correcto es correcto y lo incorrecto es incorrecto, y ustedes saben la diferencia." Si nosotros preguntábamos por qué teníamos que hacer ciertas cosas, él generalmente contestaba: "Porque yo lo digo." (Creo que la mayoría de los padres, abuelos y tutores ponen esa regla junto a los Diez Mandamientos.)

Usted tiene un Padre Celestial que le ama mucho más que cualquier padre en la tierra. (De hecho, si usted no tiene un buen padre en la tierra, quizá tenga problemas con el concepto de un padre amoroso.) Cuando está bajo la autoridad del Padre Celestial, El le abraza con brazos amorosos para protegerle. El le ha dado su Palabra a través de pasajes como los que escribió Pablo en su carta a los Filipenses, y nosotros le obedecemos porque nuestro Papá Celestial lo dice.

Como niños que se sienten seguros bajo las reglas familiares, usted como hija de Dios puede sentirse segura al seguir sus direcciones en la Biblia. Porque tiene libre albedrío puede escoger hacer lo malo, pero como hija de Dios puede escoger el someterse a las reglas de Dios. Haciendo esto encontrará la paz, la protección y el gozo profundo.

Usted conoce el terror y la tristeza que representa estar fuera del conocimiento y del gozo de Cristo sin poder acurrucarse bajo sus alas. Lea en voz alta el Salmo 91:4: "Con sus plumas te cubrirá, y debajo de sus alas estarás seguro. Escudo y adarga es su verdad."

Una de mis amigas jóvenes leía el Salmo 91:4 en voz alta de esta manera: "El te cubrirá con sus plumas y bajo sus alas encontrarás refugio." Puedo prometerle que no encontrará rechazo, basura o escoria bajo sus alas. Bajo sus alas encontrará el prometido descanso y limpieza. Podrá recostarse en sus brazos cada vez que las tormentas de la vida le golpeen. Nunca deberá estar fuera de su voluntad, o fuera de la seguridad de sus alas.

¿Se ha sentido alguna vez vulnerable o sin protección? Piense en algunos de esos momentos ahora. Dios se preocupa por usted, aun cuando experimente tiempos difíciles. El desea traerla bajo sus alas a un lugar de refugio (seguridad) sin basura. Llene los blancos en la columna del margen al arrodillarse bajo sus alas durante el estudio bíblico.

Siervos del deleite de Dios

Pablo primero se identifica a sí mismo y a su joven amigo Timoteo como siervos. El vio sólo el gozo, no la esclavitud, en su relación de amo y siervo con Dios. El fue un siervo que deleitó a Dios. Escribió a los filipenses una carta rebosante de gozo. En una prisión romana, en las peores condiciones, habló de gozo una y otra vez.

Sofonías 3:14 hace eco de este gozo al decir: "Canta, oh hija de Sion; da voces de júbilo, oh Israel; gózate y regocíjate de todo corazón, hija de Jerusalén." Después Sofonías 3:17 añade estas confortantes palabras: "Jehová está en medio de ti, poderoso, él salvará." Note las tres promesas

---

entre amigas

- ¿Ha estado su vida alguna vez apartada de la voluntad de Dios? Explique.

- Señor, yo quiero encontrar paz bajo tus alas. Necesito paz acerca de:

- Quiero sentirme segura bajo tus alas, sin basura. Esta es la basura que quiero botar:

- Quiero practicar la sumisión y estar bajo tu cuidado y autoridad. Te entrego ahora:

entre amigas

De acuerdo a Sofonías 3:17, Dios quiere:
1.

2.

3.

Comience ahora a hacer una lista de personas que le han animado, especialmente aquellas que tienen buen carácter moral.

que El hace en la última parte del versículo 17: "se gozará sobre ti con alegría, callará de amor, se regocijará sobre ti con cánticos."

¡Imagínese a Dios de esta manera! Uno que se deleita grandemente en usted. Exactamente cómo es—de valor porque El le cuida. Cuando se siente desesperada, este versículo le promete que El le calmará con su amor. ¡El se regocija en usted con cánticos!

El misterio de la transformación: Levantada en amor

Parece increíble, ¿no? Piense en esta fotografía imaginaria: Usted recibe la invitación para abrigarse bajo una de las alas del Salvador que le levanta y guarda en lugar seguro y confortable en contra de los vientos de la vida. Como sierva en quien El se deleita, es cambiada a una persona atesorada. ¡Transformada! Esto es un misterio.

estudio 2
Llamadas a vivir en comunidad
FILIPENSES 1:1–2

¿Ha tenido alguna vez uno de esos días en que unas palabras amables de cierta persona le hubieran hecho feliz todo el día? Con todo nadie le dijo una palabra amable, y usted pasó un día terrible y desagradable. Las palabras amables hacen la diferencia.

Antes de que nos casáramos, mi novio me escribió varias cartas halagadoras. Me dijo lo hermoso que era mi pelo, lo dulce de mi mirada y que mis ojos eran maravillosos. Al mirarme en el espejo pude comprobar que él tenía razón. Mi pelo era hermoso, y ¡para qué decirle de mi sonrisa! Después parpadeé unas 80 veces—¡eran maravillosos! Escondí la carta debajo de mi colchón, y por lo menos cada hora, durante la semana siguiente, la desdoblaba y leía de nuevo aquellas palabras. ¡Qué halagos para una adolescente que nunca antes se había sentido atractiva!

A través de los años muchos amigos me han enviado cartas de aliento. Generalmente han llegado cuando las necesitaba desesperadamente. La carta de Pablo a los filipenses es una carta de aliento, pero también es una carta de amor directamente de Dios para usted.

En los primeros dos versículos de Filipenses, Pablo dice: "… a todos los santos en Cristo Jesús que están en Filipos, con los obispos y diáconos: Gracia y paz a vosotros, de Dios nuestro Padre y del Señor Jesucristo."

Desde el principio de esta carta, Pablo bendice a la iglesia con palabras de ánimo. ¡Cuánto significarían estas bendiciones para ellos!

Fe y compañerismo, de dos en dos

Quizá usted esté estudiando este libro con una amiga, o quizá esté leyéndolo a la iglesia durante un estudio bíblico, una clase de la

Escuela Dominical o una reunión donde ejerce un ministerio de mentora. Si así es, usted podrá gozar de un compañerismo cristiano o una relación de mentora. Una amiga especial o confidenta puede servirle como defensora, guía, sierva, maestra o consejera, o como consultora de las ideas que está explorando. Para más información sobre el trabajo de mentora, vea *Woman to Woman: Preparing Yourself to Mentor* y *Seeking Wisdom: Preparing Yourself to Be Mentored,* por Edna Ellison y Tricia Scribner. Usted puede encontrar ambos libros por el Internet, **www.newhopepubl.com**.

Generalmente los apóstoles viajaban en parejas para apoyarse y animarse unos a otros. Timoteo fue el *aprendiz,* o el amigo joven al que Pablo servía de mentor. Timoteo se encontraba con él en la prisión cuando Pablo escribió la carta a la iglesia de Filipos.

La familia de Timoteo fueron mentores para él. Pablo dice: "Trayendo a la memoria la fe no fingida que hay en ti, la cual habitó primero en tu abuela Loida, y en tu madre Eunice, y estoy seguro que en ti también" (2 Timoteo 1:5).

Sin duda Eunice y Loida compartieron palabras de ánimo con Timoteo durante su crecimiento. Como familia de Dios, ellos combinaron la fe y el compañerismo. Si no tiene una amiga con quien estudiar Filipenses, ¿por qué no llama a una, o a una familiar, en este momento y la invita a estudiar la Palabra de Dios con usted? Quizá alguna persona de su lista necesita de alguien que le anime.

Camine a mi lado

Quizá usted no pertenezca a una comunidad de fe. Si es así, podría hacer esta oración: "Señor, yo he estado fuera del compañerismo contigo y con los tuyos. Quiero aprender de Ti y de ellos. Quiero encontrar un compañerismo cristiano y comenzar a reunirme con la iglesia."

Quizá asista usted regularmente a la iglesia, pero quisiera ser más fiel. Busque a una buena cristiana que usted sepa es sierva de Dios, alguien en quien pueda ver la paz y la confianza en el Todopoderoso. Ore ahora: "Señor, quiero encontrar una amiga cristiana que me anime. Quiero aprender de ella y practicar el arte de la sumisión como familia de Dios, en comunión contigo."

Quizá también quiera repetir esta oración: "Señor, mientras Tú me guardes bajo tus alas para protegerme, yo también protegeré a alguien. Le enseñaré lo que Tú me has mostrado, fortaleciéndola en su fe, mostrándole el verdadero sentido de la comunidad a medida que nuestra relación se profundice con el paso de los años."

En el compañerismo ideal de una iglesia, los experimentados cristianos caminan junto a los cristianos espiritualmente jóvenes, enseñándoles lo que han aprendido.

Características de la comunidad

"Comunidad" puede significar muchas cosas: el vecindario, un grupo étnico o un grupo de amigos cercanos con características similares. Como nosotras la usaremos, "comunidad" describe la hermandad de

entre amigas

¿Quién alrededor de usted le anima y le apoya ahora?

entre amigas

En sus propias palabras define lo que significan "gracia" y "paz":

un grupo de cristianos que hacen un pacto de compañerismo. En este grupo se observan dos cualidades: *la paz y la gracia*.

• **Comunidad de paz.** Mire lo que dice Filipenses 1:2: "Gracia y paz a vosotros, de Dios nuestro Padre y del Señor Jesucristo." La paz casi no existe. Las fricciones y las codicias la reemplazan en el mundo secular, y algunas veces en la iglesia. Los cristianos aprendemos a perdonarnos unos a otros porque recordamos cuánto y cuán seguido Dios nos ha perdonado. El perdón y la paz que permanecen vienen de Dios. Isaías 26:3 dice: "Tú guardarás en completa paz a aquel cuyo pensamiento en ti persevera; porque en ti ha confiado." El mantener los ojos fijos en Cristo te traerá paz.

• **Comunidad de gracia.** Puede recibir de Dios la bendición de paz por medio de una palabra: gracia—y ¡sí, la gracia es admirable y extraordinaria! Para algunos la gracia es "un favor inmerecido" que recibimos de Dios; para otros, es "bondad." La gracia es difícil de definir porque es un proceso espiritual. Efesios 2:8–9 nos enseña: "Porque por gracia sois salvos por medio de la fe; y esto no de vosotros, pues es don de Dios; no por obras para que nadie se gloríe." *Gracia* es el trato de Dios hacia nosotros, mejor trato que el que merecemos, por medio de un favor inmerecido de un Dios perdonador. La gracia salvadora es el regalo amoroso y bondadoso que Dios nos da y que termina con la vida eterna en el cielo.

El misterio de la transformación:
Levantada amorosamente

Usted ha sido levantada amorosamente, por gracia. Sin que lo merezca, ha recibido el favor del Dios del universo. Haga una pausa por un momento y dele gracias por su cuidado.

estudio 3
Llamada a ser una mujer de oración
FILIPENSES 1:3–5

Ayer estuve mirando fotografías viejas y descubrí algunas fotos de Chrissy y Mary, que eran hijas de Dollie Mayers, una compañera mía de la escuela secundaria. Llamé a Dollie después de haber estado separadas por años. Cuando comenzamos a conversar sentimos como si nunca hubiéramos estado separadas. Hicimos bromas de viejas amigas y llegamos al punto de los últimos acontecimientos de la vida de cada una. Su pueblo, Sun Valley, Idaho, está a una gran distancia, en muchos sentidos, de Birmingham, Alabama, donde vivo yo. Terminamos nuestra charla al decir: "Como hemos dicho muchas veces, las viejas amigas son las mejores amigas."

Cuando pienso en el tiempo que tuvimos, me siento agradecida de Dollie y otras amigas con las cuales crecí: Mary Keith, Dawn, Margaret Ann, Elaine, Florence, Emily, Sara, Jackie y muchas otras. ¿Qué acerca de usted?

Gracias por los recuerdos

Cada vez que me comunico con Dollie, le prometo escribirle, pero nunca lo hago. A pesar de las restricciones en la libertad de Pablo, y la forma lenta de enviar las cartas en aquellos días, él les escribió a los filipenses diciéndoles: "Doy gracias a mi Dios siempre que me acuerdo de ustedes" (Filipenses 1:3). ¿A quién tiene que escribirle esta semana dándole gracias por lo que él o ella ha significado y significa para usted? Como parte del tiempo de estudio hoy, tome papel y pluma, y escriba una carta.

¿Por qué otras cosas se siente agradecida?

El corazón de una mujer de oración está lleno de gratitud; por lo tanto, siente la necesidad de comunicarse con su Creador. Escuche cuidadosamente a Dios. El anhela llamarle para que ore. Desea traerle a su presencia. Pídale a El que le enseñe más acerca de la oración. "Señor, enséñanos a orar" (Lucas 11:1). Marque en los cuadritos abajo lo que piensa que se refiere a usted:

❏ Señor, quiero ser una mujer de oración.
❏ La verdad es que no tengo tiempo para orar.
❏ Quiero saber más sobre la Palabra de Dios, no sobre la oración.
❏ Quizá soy llamada a una comunidad de cristianos para orar con ellos.
❏ Creo que Dios me está llamando a ser una mujer de oración.
❏ Tendré que pensar en esto por un rato.

Una de mis mejores mentoras me dijo una vez: "Oro cuando el fregadero (lavaplatos) está lleno de loza sucia. Eso es cuando necesito estar más agradecida."

Otra mujer de Dios me dijo: "Comienzo a orar cada mañana antes de levantarme, y oro casi cada momento durante todo el día. Dios va conmigo y le escucho cuando me habla."

Para recordarse debe poner porciones de la Escritura acerca de la oración por toda la casa o en el lugar de trabajo. Acostumbrarse a practicar la oración toma tiempo. Practíquelo esta semana.

Si usted tiene hijos, puede comenzar con su familia un libro de notas de agradecimiento, añadiendo cada día la lista de amigos y cosas por las que se siente agradecida. Encontré la siguiente oración en una vieja libreta de notas: "Me siento agradecida por los viejos amigos, los narcisos en la primavera, el calor del sol en un día frío, y por el microondas." Hoy para comenzar añadiría a mi lista dos hijos y sus cónyuges y una nieta. Tomará solamente unos pocos minutos,

entre amigas

Deténgase por un momento ahora para recordar los despreocupados mejores años de su vida escolar. Haga una lista de las amigas por las que se siente agradecida.

¿Cuándo es una buena hora para que usted ore?

entre amigas

¡pero qué tesoro sería esta libreta de notas para sus hijos y nietos (o sobrinas, sobrinos e hijos de vecinos) para enseñarles que le da gracias a Dios por cada memoria de ellos!

Luchando con los recuerdos

Algunos recuerdos son más difíciles de luchar que otros. Quizá tenga que luchar con recuerdos no gratos. Pídale a Dios que le ayude a perdonar a la persona o las personas que le hirieron, y después mentalmente ponga estos recuerdos en un rincón de su corazón, donde pueda olvidarlos. Como viejos vestidos en el desván, mantenga esos recuerdos lejos de usted, para que las telarañas los cubran. Después cierre la puerta. No rebusque en la telaraña. Si necesita más ayuda, búsquela en un programa "doce pasos" o consejería para tener paz con su pasado. Ahora es el tiempo de tratar con esos recuerdos, buenos o malos. Comience hablando sobre ellos con una amiga, un pastor, un consejero o un mentor.

Peticiones gozosas

Pablo dice: "Siempre en todas mis oraciones rogando con gozo por todos vosotros, por vuestra comunión en el evangelio, desde el primer día hasta ahora" (Filipenses 1:4–5). Oh mi amiga, a medida que lee estas palabras ¿ha encontrado gozo pensando en las compañeras cristianas que ha conocido durante los años? ¿Sonríe cuando las recuerda? No hay gozo mayor que el de recordar a los amigos cristianos o mentores que le han ayudado en tiempos difíciles. Ahora bien, eso es gozo verdadero y extraordinario.

Orando juntas

¿Cuántas veces en Filipenses 1:4–5 puede encontrar la palabra "todo?"

"En todas mis oraciones" indica que Pablo oraba con frecuencia por los filipenses. Oraba por todos ellos frecuentemente. ¿Qué acerca de usted? ¿Tiene una hora y un lugar para orar diariamente? Un día me di cuenta que estaría distante de Dios hasta que le conociera mejor. Determiné hacer una cita para estar con Dios cada día. En mi apresurada vida no siempre he sido fiel, pero he encontrado que es más fácil orar diariamente si me hago el hábito de apartar un tiempo. (Formar un hábito requiere unas tres semanas). Aparto el tiempo en la tarde, cuando termino de trabajar, para relajarme y disfrutar de su compañía. Cuando mis hijos eran pequeños, la hora de su siesta era mi tiempo de oración. Dios entendía cuando yo cabeceaba en medio de las dos primeras palabras de la oración.

Mientras visitaba a una familia en Irlanda, me senté a la mesa esperando que oraran. En vez de hacerlo, comenzaron a tomar los alimentos, olvidándose de pasarme algunos. ¡Fue una sorpresa! No dar gracias antes de la comida me hizo echar de menos mi hogar. Extrañé a mi iglesia y mi familia que oraban en cada comida. Para mí el orar con otros es importante. Gano fuerzas en un grupo de oración cuando interceden delante del Señor mencionando mi nombre conjuntamente con el de ellos. En Filipenses 1:4 leemos: "siempre en mis oraciones,

---

Pase un tiempo con su compañera de estudio, orando la una por la otra. Denle gracias a Dios por haberles dado este compañerismo único.

rogando con gozo por todos vosotros." Como Pablo, me siento feliz cuando oro mencionando a una buena amiga, o cuando la escucho mencionándome en su oración. Podemos añadir que el adelanto del evangelio ocurre cuando fielmente intercedo por personas y situaciones. No comprendo cómo Dios lo hace, pero El nos da poder más allá de nosotras mismas cuando nos reunimos con El en la intercesión—y El nos cambia en el proceso.

El misterio de la transformación: A El sea la gloria

Pablo dice: "Y a Aquel que es poderoso para hacer todas las cosas mucho más abundantemente de lo que pedimos o entendemos, según el poder que actúa en nosotros, a él sea gloria en la iglesia en Cristo Jesús por todas las edades, por los siglos de los siglos. Amén" (Efesios 3:20–21). A través de la oración podemos trascender el tiempo y el espacio. El poder de nuestras oraciones efectúa cambios en el mundo. A pesar de ser éste un gran misterio, Dios *nos* transforma a medida que oramos. ¡A El sea la gloria por los siglos de los siglos!

entre amigas

Piense ahora mismo en una "oración audaz":
Señor, creyendo que Tú puedes hacer algo en las peores situaciones, audazmente te oro a Ti por:

estudio 4
Dios todavía no ha terminado conmigo
FILIPENSES 1:6–8

Cuando mi esposo murió en 1980, pensé que yo también iba a morir. *Después de todo,* razoné, *no sé hacer nada.* No sabía balancear la libreta de cheques correctamente; no disciplinaba bien a los niños; y nunca aprendí a mantener una casa totalmente limpia y ordenada. La primera vez que corté algunos arbustos alrededor de la casa con la cortadora eléctrica, corté el cordón en dos. ¡Salieron chispas eléctricas en todas direcciones! No podía conducir el viejo camión de transmisión de cambios que mi esposo dejó estacionado, especialmente en alguna intersección cuando la transmisión de cambios resbalaba y alguien tenía que meterse debajo del camión con un martillo para golpearla y ponerla en su lugar. Mientras tuve a mi esposo que me ayudara con todas esas cosas, yo tenía confianza. Después de su muerte, sabía que no podía con la tarea de criar a dos adolescentes, trabajar para mantenerlos y pagar su educación.

Una mujer confiada

¡Hoy soy una mujer diferente! Mis hijos están en los 30 años de edad. Tienen buenos trabajos. (¡Qué sorpresa que ellos no se convirtieron en delincuentes juveniles!) Dios me levantó y me llevó por muchos días durante los años 1980. Una amiga me invitó a asistir con ella a una conferencia de escritores. Le respondí que no podía ir porque no tenía

entre amigas

Alguna vez en la vida ¿ha tenido que comenzar de nuevo? ¿Cómo sintió la presencia de Dios?

dinero. Tiempo después encontré en la casa un sobre que contenía la cantidad exacta de dinero que necesitaba para pagar la matrícula de la conferencia. Fui con mi amiga y desde entonces he escrito cinco libros y centenares de artículos para revistas cristianas. Llegué a ser editora de *Royal Service*, revista de la Unión Femenil Misionera, la organización de mujeres evangélicas más grande del mundo—y no puedo darme crédito por el trabajo. Nunca lo solicité. ¡Ni siquiera sabía que estaban buscando una editora! Después que mis hijos comenzaron la universidad, Dios me recogió y me puso en esta nueva área de servicio.

Más tarde me mudé a Fresno, California, cruzando el país, alejada de mi familia que vivía en Carolina del Sur. Me sentí con la confianza de que podría salir adelante por mí misma. En 1980 no había volado en avión. Hoy vuelo a todas partes del mundo y dirijo conferencias como consultora. He hablado en grandes eventos, a multitudes de mujeres en Frankfurt, Alemania; Londres, Inglaterra; y varios países de Hispanoamérica, además de muchos estados de los Estados Unidos de Norteamérica. ¿Es ésta la joven asustada que dependía de alguien en cualquier cosa que hacía? Sí, encontré el secreto de la confianza: depender de Dios.

Pablo declara su confianza en el versículo 6: "estando persuadido de esto, que el que comenzó en vosotros la buena obra, la perfeccionará hasta el día de Jesucristo." Como Pablo, usted puede ser una cristiana confiada. Puede crecer en su punto de vista de quién es usted en Cristo, quien cumple todos sus propósitos en usted.

Una mujer a quien llamaban "La Mujer Jesús"
Una mujer, a quien llamaban "La Mujer Jesús," se mudó a mi ciudad, Clinton, Carolina del Sur, en los años 1960. Le pregunté a un miembro de su iglesia: "¿Es ella una de las predicadoras o evangelistas de su denominación?"

"No," me respondió él, "solamente la llaman 'La Mujer Jesús,' " e hizo una pausa. "¿Sabe usted lo que dice Filipenses, en el Nuevo Testamento? 'El que comenzó en vosotros la buena obra, la perfeccionará hasta el día de Jesucristo' (Filipenses 1:6). Pues bien, todos nosotros podemos ver al Señor perfeccionándola día a día entre nosotros."

Algunas veces he pensado en lo que ese hombre me dijo. Dios ha comenzado un buen trabajo en la mujer que llamaban "La Mujer Jesús," quien reflejaba a su Señor, y un día El lo completará. Le pedí a Dios que me dejara reflejarlo como La Mujer Jesús, que no me avergonzara de El en mi vida diaria, y que El un día lo completara en mí.

Dios comenzó un trabajo con usted hace mucho tiempo. Dice Génesis 1: "Y vio Dios que la luz era buena; y separó Dios la luz de las tinieblas … Y creó Dios al hombre a su imagen … varón y hembra los creó … y vio Dios todo lo que había hecho, y he aquí que era bueno" (Génesis 1:4, 27, 31). Dios le formó. El lo creó por una razón, y todo lo que El hizo fue muy bueno. El le creó para que fuera una persona buena y amable, con propósitos en la vida.

Una obra de arte

No sólo Dios le creó, sino que planeó con anterioridad el trabajo que tenía que hacer. "Porque somos hechura suya, creados en Cristo Jesús para buenas obras, las cuales Dios preparó de antemano para que anduviésemos en ellas" (Efesios 2:10). Así como los filipenses ayudaron a Pablo en la prisión, usted puede ayudar a los que sufren o, como Pablo, puede compartir las buenas nuevas de Dios.

Si puede ayudar a los niños a usar pintura digital, puede ser que El le esté llamando a decorar las tablillas de anuncios de la iglesia. Si tiene facilidad de palabras, quizá le esté llamando para escribir un poema para el periódico de la iglesia, para diseñarlo o editarlo; o para comenzar uno, si la iglesia no lo tiene. Si le gusta cantar en la ducha, pudiera ser la próxima solista del coro.

Pablo dice: "como me es justo sentir esto de todos vosotros, por cuanto os tengo en el corazón; y en mis prisiones, y en la defensa y confirmación del evangelio, todos vosotros sois participantes conmigo de la gracia" (Filipenses 1:7). Pablo está diciendo que todos ellos comparten la gracia de Dios con él. ¡Qué gozo da compartir la gracia de Dios! ¡La identidad que tenga como sierva reflejará a su Señor en todo lo que haga!

Un trabajo hecho desde un escenario

Fíjese dónde estaba Pablo cuando defendió las buenas nuevas: encarcelado. Imagínese un gran salón en una corte. Imagínese también un gran escenario con luces que brillan directamente sobre la figura principal, el bien educado judío y ciudadano romano: Pablo, que podía hablar con tanta sabiduría. No, Dios no lo planeó de esa manera. Pablo, oficialmente Saulo de Tarso, sentado en la cárcel, esperaba su ejecución. Podría parecer un lugar de desesperación, pero fue un lugar de brillantez y luz. Dios transforma todos nuestros escenarios: una madre de pie al lado de la cuna de su hijo bajo la luz del sol; una hermana de pie junto al hermano o hermana que ha sido absuelto de una acusación de asesinato; una abuela acariciando a su nieta recién nacida; una mujer soltera tocando las mejillas de un huérfano que puede consolar. Todos son lugares de resplandor.

Pablo y sus amigos cristianos presos cantaron en la cárcel, así como usted y yo cantamos cuando Dios nos da identidad con El.

El misterio de la transformación: De la oscuridad a la luz

Gracias a Dios por el misterio que encierra 1 Pedro 2:9: "Vosotros sois linaje escogido ... adquirido por Dios, para que anunciéis las virtudes de aquel que os llamó de las tinieblas a su luz admirable." A medida que se mueve de la oscuridad que le rodea hacia la refulgente cara de Cristo, El la transforma de sombra a luz. Dios la ha escogido y sellado con su identidad, casi como si el resplandor de su imagen surgiera de usted. "Te pondré como anillo de sellar; porque yo te escogí, dice Jehová de los ejércitos" (Hageo 2:23). Como a la mujer a quien llamaban "La Mujer Jesús," salga de la oscuridad, oh confiada mujer.

---

entre amigas

¿Para qué, piensa usted, Dios la está llamando?

¿Qué parte de su identidad podría Dios usar de forma increíble?

entre amigas

Compruebe cada una de las características del amor en 1 Corintios 13:4–8. ¿En cuáles se distingue usted?

El amor es:
- ❏ sufrido (paciente)
- ❏ benigno (bondadoso)

El amor no:
- ❏ tiene envidia
- ❏ es jactancioso
- ❏ se envanece (orgulloso)
- ❏ hace nada indebido (rudo)
- ❏ busca lo suyo (egoísta)
- ❏ se irrita (fácilmente se enoja)

El amor no:
- ❏ guarda rencor (mantiene archivos de errores)
- ❏ se goza de la injusticia (no se deleita en la maldad)

El amor se regocija:
- ❏ en la verdad

El amor siempre:
- ❏ todo lo sufre (protege)
- ❏ todo lo cree (confía)
- ❏ todo lo espera
- ❏ todo lo soporta (persevera)

El amor nunca:
- ❏ deja de ser

estudio 5
El todo es más que la suma de sus partes
FILIPENSES 1:9–18

La semana pasada, mientras conversaba con una amiga acerca de su hermano que se había mudado a otro lugar, me dijo: "Tú sabes, no entiendo por qué tantas personas lo quieren."

Yo moví la cabeza y dije: "Ellos continúan recordándolo y me lo mencionan también con frecuencia ahora que se fue del pueblo."

Ella respondió: "El es una persona común. No es particularmente bien parecido, rico, ni elocuente en el hablar."

"No," dije yo, "él es extraordinario. El es un hombre de Dios que sirvió como diácono en la iglesia, e hizo lo mejor que pudo para vivir una vida piadosa." Decidimos que su altura era promedio, su nariz no era nada especial, sus ojos eran corrientes, pero Dios había hecho algo especial en él—justo como ha hecho con cada una de nosotras. Cuando Cristo entra en nuestros corazones, de repente somos más que la suma de todas las partes de nuestro ser.

Contadas en amor
Mire de nuevo Filipenses 1:9: "Y esto pido en oración, que vuestro amor abunde aun más y más …" Leí este versículo a una mujer en la muerte de su esposo. Se lo había imaginado a él más grande que la vida misma. Ella quizá se quejaba de él continuamente; o quizá lo maldijo alguna vez, pero después de muerto sólo decía alabanzas de él. Recordaba unas pocas discusiones. En ocasiones, no vemos lo bueno de una persona mientras vive, pero nuestro amor crece o se desarrolla después que la persona muere. Puede notar ese fenómeno cuando mueren personas famosas, como James Dean, Marilyn Monroe y Elvis Presley. Una vez que se han ido, la gente les quiere más que en vida. (Si es fanática de Elvis, por favor, no me envíe una carta de enojo.)

Pablo recomienda a los miembros de la iglesia de Filipos que crezcan en amor los unos por los otros. ¿Se infla su ego cuando honestamente analiza su capacidad para amar a otros? ¿Ama a otros sin egoísmo? Mi pastor una vez nombró las tres relaciones de amor: amor a Dios, amor por usted mismo y amor por otros. Estas tres dimensiones de nuestro amor son esenciales. Amar a Dios nos ayuda a amarnos a nosotras mismas. Amarnos a nosotras mismas nos da la capacidad para amar a otros. El amor crece cuando está bien balanceado. El todo de nuestro amor es más que la suma de sus partes.

Contadas en excelencia
Miremos la segunda parte de Filipenses 1:9, seguido del versículo 10: "… en ciencia y en todo conocimiento, para que aprobéis lo mejor, a

fin de que seáis sinceros e irreprensibles para el día de Cristo." Aunque nadie es totalmente inocente, podemos aprender a tomar decisiones sabias para mantenernos puras.

¡Grandioso! Yo tomo decisiones sabias. Tengo una vida perfecta, ¿cierto? No. El tomar decisiones sabias no está relacionado con *lo que* hace, sino con *quién* está obrando dentro de usted. Cuando decide permitir que el Dios vivo habite en usted, su vida comienza a ser más pura y mejor que la suma de todas sus partes.

En su primera carta a los corintios, Pablo les dice que el amor es "un camino aun más excelente" (1 Corintios 12:31). Dios cuenta con usted para que viva en amor. Cuando usted ama a Dios, se separa de lo viejo y se pone lo nuevo. Le pide a El que renueve su forma de pensar con su amor, para que así pueda amar a otros.

¿De qué forma está viviendo contrariamente a lo que debe ser en Cristo?

Pablo dice: "Andad en el Espíritu, y no satisfagáis los deseos de la carne. Porque el deseo de la carne es contra el Espíritu" (Gálatas 5:16–17*a*).

Pídale a Dios que le muestre lo que El quiere que usted haga. Su asunto quizá no esté mencionado en los párrafos anteriores. Escriba en el margen de la hoja una forma en que cambiaría su vida hacia un grado de excelencia.

Mientras tanto, Pablo dice: "[seáis] … llenos de frutos de justicia que son por medio de Jesucristo, para gloria y alabanza de Dios" (Filipenses 1:11). ¡Si usted es como yo, no querrá que Cristo la mantenga más ocupada! Sin embargo, cuando Jesucristo viene a su vida, El altera sus prioridades, y de esa forma encontrará tiempo para hacer buenas obras (frutos de justicia). Cuando borra de su vida actividades no productivas, Dios le proveerá de actividades creativas. En las mismas encontrará una identidad cristiana sólida, y conocerá quién es y a quién pertenece.

Llenas con propósito

En vez de deprimirse en su angustia, Pablo vio un propósito en su tiempo en la cárcel. "Quiero que sepáis, hermanos, que las cosas que me han sucedido, han redundado más bien para el progreso del evangelio, de tal manera que mis prisiones se han hecho patentes en Cristo en todo el pretorio, y a todos los demás" (Filipenses 1:12–13). ¡Imagínese la influencia que Pablo tuvo, aun con el personal de César! ¡Quién hubiera creído tal cosa!

Pablo vio también este renovado sentido de propósito en otros. "Y la mayoría de los hermanos, cobrando ánimo en el Señor con mis prisiones, se atreven mucho más a hablar la palabra sin temor" (Filipenses 1:14). En Cristo, el sentido de comunidad le da su identidad cristiana que la lleva hacia un camino más excelente.

---

entre amigas

¿Qué sería capaz de dejar por amor a Dios? (Abajo, marque todo lo que le aplique.)

❑ Chismear con mis vecinas
❑ Fumar
❑ Drogas
❑ Infidelidad a mi cónyuge
❑ Comer con exceso
❑ Programas de televisión y novelas que no edifican
❑ Gritarles a mi esposo e hijos
❑ Ir a clubes dudosos
❑ Mirar pornografía
❑
❑
❑

entre amigas

¿Le sería fácil perdonar a un pastor que a usted le pareciera tener malos motivos cuando fuera a predicar a su iglesia?

¿Se ha sentido herida por una situación así?

Llenas de gozo

Pablo sigue mencionando a otros que predican a Cristo, algunos sinceramente y otros motivados por ambiciones personales para traer problemas (Filipenses 1:15–17). El dice: "¿Qué, pues? Que no obstante, de todas maneras, o por pretexto o por verdad, Cristo es anunciado; y en esto me gozo, y me gozaré aún" (Filipenses 1:18).

Si sabe de un cristiano que egoístamente está creando problemas a otro cristiano, diría como Pablo: "Pero no importa."
❏ Sí   ❏ No

¿Por qué sí, o por qué no?

¿Qué le diría a Pablo en este caso?

Si Pablo pudiera hablarle hoy, quizá le preguntaría: "¿Tienes problemas? Manténgase gozoso. ¿Le sucedió algo desagradable? No pierda el gozo. ¿Problemas? Mantenga sus ojos en Cristo y no en ningún otro. Si Cristo es predicado, siéntase feliz. Porque en esto yo me regocijo. ¡Aun en la prisión siento el gozo. Canto, oro, alabo a Dios! Sí, 'y en esto me gozo, y me gozaré aún' " (Filipenses 1:18*b*).

Ahora ore en silencio por un momento.

El misterio de la transformación: *Todas las cosas obran para bien*

Pablo dice en Romanos 8:28: "Y sabemos que a los que aman a Dios, todas las cosas les ayudan a bien, esto es, a los que conforme a su propósito son llamados." Aquí yace el misterio de este versículo: Dios transforma aún las cosas malas para que obren para bien en nuestra vida. Nuestra felicidad no depende de las circunstancias externas.

A medida que Dios le toca, El transformará su corazón, y lo irá haciendo como el suyo; cambiará su desastre en bendiciones. De forma milagrosa Dios le cambia: una vez que se sienta llena, vendrá a ser más que la suma de sus partes individuales.

unidad 2:

Señor, vivo en un mundo de personas imperfectas

A medida que camine la vida cristiana, deberá ir viajando con amigos. Algunos serán maravillosos, pero otros le distraerán. (Recuerde que debemos ser honestos.) Usted quizá tenga esperanzas no realistas hacia ellos, o quizá piense que deberían ser perfectos—aunque usted no lo sea. No tema: Dios tiene una respuesta. Como Timoteo y Epafrodito, se sobrepondrá a los deseos de regresar a su hogar y a la ansiedad producida por su situación, y podrá animar a otros como los anteriores hicieron con Pablo.

Una mujer de Dios puede
    caminar entre cocodrilos
con paz interior,
        mirando sus necesidades y deseos de manera realista.

Al doblar esta página, yendo hacia su objetivo, pídale a Dios que le muestre cómo protegerse en la jornada, olvidar el pasado y conocer el poder de su resurrección. Brille como una estrella. Deléitese con su Palabra mientras la estudia.

entre amigas

estudio 6
Busque al que produce gozo
FILIPENSES 2:18

Pablo dice que se regocijaba en la fe y en el servicio de los filipenses. Después cambia la expresión recomendándoles a ellos que se regocijen con él: "Y asimismo gozaos y regocijaos también vosotros conmigo" (Filipenses 2:18). Si encuentra que es difícil regocijarse con otros cuando están en días de prosperidad física y espiritualmente, busque al Gran Regocijador. El salmista le dice a Dios: "Gócense y alégrense en ti todos los que te buscan, y digan siempre los que aman tu salvación: Engrandecido sea Dios" (Salmo 70:4). Dios dice: "Entonces me invocaréis, y vendréis, y oraréis a mí y yo os oiré; y me buscaréis y me hallaréis, porque me buscaréis de todo vuestro corazón" (Jeremías 29:12–13).

Manténgase alerta

¿Cómo concentrar su corazón totalmente en Dios, el Regocijador? Primero, manténgase alerta todo el tiempo. La mente divaga aun cuando el espíritu quiere centralizarse en Dios. ¿Cuántas veces vagan sus pensamientos cuando ora o escucha un sermón? Probablemente habrá oído el chiste del hombre que quería hacer la voluntad de Dios y fue a la iglesia donde oyó al pastor decir: "Judas fue y se ahorcó." El se repitió esto por unos minutos y después sus pensamientos comenzaron a vagar. Cuando finalmente comenzó a prestar atención de nuevo, el pastor dijo: "Ve tú y haz lo mismo." ¡Cuidado! ¡Es importante que nos mantengamos alerta!

Lea de nuevo Salmo 70:4 y Jeremías 29:12–13. Responda a las siguientes preguntas:

¿Quién se regocijará y alegrará en Dios?

1.

¿Quién dirá: "Sea Dios exaltado"?

2.

¿Cuáles son dos cosas que puede hacer para estar segura que Dios le escucha?

3.

4.

¿Cómo buscará usted a Dios?

5.

Escriba su compromiso de hacer estas cinco cosas regularmente. Hable de esto con su compañera de estudio o con una amiga cristiana.

Sea sabia

El comprometerse a (1) buscar a Dios, (2) amar al Dios de la salvación, (3) clamarle a El, (4) orar a Dios y (5) buscarle de todo corazón se mantendrá alerta y abierta a su voz todos los días. Después que esté más alerta, tendrá que tener sabiduría suficiente para no seguir malos consejos. Cuando yo era adolescente viajaba en un auto con dos muchachas que resultaron ser mala influencia. Llegamos a una estación de gasolina donde las muchachas comenzaron a coquetear con el que nos atendió, que era amigo de mi padre. ¡Imagínese la vergüenza que pasé cuando ellas sacaron una revista pornográfica de debajo del asiento del auto y se la mostraron a él! Nunca más volví a salir con ellas. Reconocí temprano en la vida que una persona cristiana no solamente tiene que estar alerta a la voz de Dios, sino que tiene que ser lo suficientemente sabia para obedecerle.

La compañía que mantiene

Mary Keith Adair, una hermana de la iglesia, me mantuvo siempre fuera de problemas mientras yo buscaba al que da regocijo. Una vez estábamos a punto de subir a un auto con un grupo alocado cuando me sujetó por la mano, susurrándome al oído: "Nosotras no hacemos eso."

"¿No lo hacemos?" respondí sorprendida.

Yo era demasiado ingenua para no ver el peligro en aquel grupo. Más tarde en la noche fueron arrestados por estar borrachos. Una buena amiga puede mantenerle llena de gozo mientras busca al Salvador, en vez de llorar porque por falta de sabiduría usted cayó en la trampa de Satanás.

Regocíjense conmigo

Aparte de mantenerse alerta, tener sabiduría y mantener a su lado las amistades correctas, tiene que buscar experiencias positivas. Si tuviera que escoger entre mirar en la televisión una película con un tema monstruoso o una cruzada de Billy Graham, ¿qué escogería? Es como si Dios le suplicara, "Regocijaos vosotros también conmigo" (Filipenses 2:18), mientras cambia el canal para ver algo edificante.

Vamos y celebremos juntas

Quizá pueda también recordar algunas personas, películas o situaciones que hagan que cante el corazón. Cuando mi hermana Phyllis tuvo su primer hijo, ella enfrentó un parto difícil. Mi padre nos llamaba periódicamente para decirnos lo que estaba pasando. Finalmente él llamó y dijo que había dado a luz a un varón, pero que Phyllis estaba ciega. Salí hacia el hospital inmediatamente.

---

entre amigas

Los siguientes tal vez le tienten a ignorar la súplica de Dios: "Regocíjense conmigo." Marque todo lo que sea aplicable:

❑ Programas de televisión violentos y que infunden temor

❑ Revistas, sitios del Internet o videos pornográficos

❑ Películas, música o libros sobre la posesión demoníaca

❑ Cualquier cosa con material sexual insalubre

❑ Una amiga que usa lenguaje feo o que se queja siempre

❑ Alguien que me desanima

❑ Una persona que inicia lascivia en mí

entre amigas

Durante el viaje al hospital seguí un nuevo principio de oración que había descubierto: darle a Dios las gracias por contestar nuestras oraciones aun antes de recibir las respuestas, porque la fe es la evidencia de cosas que no se ven. Comencé a orar con fe: "Oh Señor, gracias por restaurar la vista a Phyllis. Yo sé que Tú ya la has sanado, y ella está bien ... pero Señor, te suplico, por favor, sánala," En mi oración alternaba entre el agradecimiento y la súplica, con fe y sin ella.

Cuando llegué al hospital encontré a Ken, el esposo de Phyllis, fuera del cuarto con mis padres. Hablaban en tono grave. Los tres estaban llorando y temblando. El médico salió del cuarto, movió la cabeza y siguió caminando. El médico les había dicho a mis padres y a Ken que la ceguera, una ocurrencia común después de un parto, podía causar problemas mentales permanentemente. Phyllis tal vez nunca podría regresar a la normalidad. Nosotros oramos. Después entré al cuarto. Phyllis estaba buscando a tientas un vaso de agua en la mesa de noche. Le dije al dárselo: "Phyllis, aquí está el agua."

Asustada, pero con los ojos muy abiertos, me dijo: "Oh Edna, ¡estoy contenta de que estés aquí! ¿Te dijeron que estoy ciega?"

"Sí," le dije, inclinándome a la altura de su cara. "Phyllis, ¿sabes que ya Dios te sanó? Le he estado dando gracias a Dios por todo el camino hacia acá. ¡Tu estás bien!"

"¡Oh Edna!" exclamó. Pensé que iba a decir, "No me digas nada más de esas cosas de Dios. Hoy he tenido muchos problemas. No quiero oír nada más." Al contrario, dijo: "Oh, Edna, ¡puedo ver tu cara, tus ojos, tu boca, la nariz! Oh, ¡puedo ver! ¡Veo la mesa de noche! ¡Veo el piso! ¡Y puedo ver allá, detrás de la puerta, una bola de polvo!" Miré y tenía razón.

Phyllis había recuperado la vista; mejoraba de hora en hora. Cuando dejé el hospital, Ken, mis padres y yo nos unimos en un fuerte abrazo. Le dimos gracias a Dios por la sanidad de Phyllis. No podíamos contener nuestro gozo mientras nos uníamos en cuerpo y espíritu, alabando al Rey de Reyes. Nada es mejor que celebrar las maravillas de Dios con la familia y los amigos cristianos. Mi corazón todavía palpita aprisa cuando recuerdo la cara resplandeciente de Phyllis que con voz temblorosa me dijo: "¡Puedo ver!"

Cómo buscar al que produce gozo
Usted puede buscar al que produce gozo con familias cristianas, la familia de la iglesia, una mentora o una amiga. Puede también animarse, como hizo David: "mas David se fortaleció en Jehová su Dios" (1 Samuel 30:6). Cuando los conocidos de David—su rey, sus amigos, sus aliados, sus tropas—le dejaron o se volvieron contra él, él se animó cuando pensó en las bondades de Dios.

El misterio de la transformación: La presencia de Dios está allí
Esté alerta; mire a su alrededor. El misterio de la transformación está en este momento cerca de usted. El no se olvida de usted, ni le deja sin amigas. Dedíquese a ser sabia. Reúnase con los que confían en

¿Cómo podría usted misma animarse con las bondades de Dios?

Dios. Busque consejeros sabios que le animen. Por medio del misterio del Espíritu de Dios, todas estas cosas le transformarán.

estudio 7
Una carta de recomendación
FILIPENSES 2:19–23

En la película de la década 1980, *The Secret of My Success* ("El secreto de mi éxito"), Michael J. Fox tuvo el papel de un pobre graduado de universidad que viajó una larga distancia para conseguir un trabajo con su tío, quien era gerente de una gran compañía. Después de leer la carta de recomendación de los padres del joven, el tío rehusó darle un trabajo bien pagado. En vez de eso, escribió una nota para enviar al joven al salón de correos y correspondencia. Pronto este joven notó que una firma en un memorándum era como una carta de recomendación. Comenzando en una oficina vacía, él requirió muebles, una secretaria y una computadora. Escalando una posición a la vez, subió del personal de ayuda que andaba en camisa, al personal profesional que usaba trajes, y llegó a formar parte de los que controlaban la compañía. Una carta de recomendación lo puede llevar muy lejos.

La carta de recomendación de Pablo dice así: "Espero en el Señor Jesús enviaros pronto a Timoteo, para que yo también esté de buen ánimo al saber de vuestro estado; pues a ninguno tengo del mismo ánimo, y que tan sinceramente se interese por vosotros. Porque todos buscan lo suyo propio, no lo que es de Cristo Jesús. Pero ya conocéis los méritos de él, que como hijo a padre ha servido conmigo en el evangelio" (Filipenses 2:19–22).

Timoteos contemporáneos
Pablo les envió esta carta a los filipenses para decirles que Timoteo les iba a visitar pronto. Envió a Timoteo para que éste regresara con buenas noticias de los cristianos de Filipos.

El apóstol escribió una buena recomendación de Timoteo. Dijo que Timoteo era una persona que animaba. El le traería buenas noticias acerca de los filipenses, noticias que le animarían. Pablo también declaró: "pues a ninguno tengo del mismo ánimo, y que tan sinceramente se interese por vosotros" (Filipenses 2:20). Timoteo era una persona especial: un genuino y sincero amigo. Estaba más interesado en el bienestar de los demás, concretamente Pablo y los filipenses, que en el bienestar propio.

De los versículos arriba mencionados, ¿qué palabra negativa le indica que Timoteo estaba más interesado en otros que en él mismo? Explique.

---

entre amigas

Según Filipenses 2:19–20, ¿por qué envió Pablo esta carta?

¿Por qué envió a Timoteo a Filipos?

Marque cualidades en Timoteo que le gustaría ver en sus amigas.

entre amigas

Con su compañera de estudio, determinen dos maneras en que tienen sentimientos e ideas afines.

¿Cómo está usted? Espero que bien

Una vez leí un libro de cartas de George Washington a su madre. El la llamaba Señora y firmaba su nombre completo al final. Hoy no somos tan formales, aunque seguimos usando palabras corteses, pero con falsos términos. Por ejemplo, al escribir una carta de queja a un banco, terminamos diciendo, "Sinceramente suyo" o "su servidor," aun cuando no les pertenecemos a ellos. Nosotros no tenemos deseos de ser "suyos." Lo que queremos es buen servicio. Quizá usemos la computadora y mandemos una carta informal por el correo electrónico diciendo: "¡Hola, mamá!" Y terminemos con "¡Tengo que dejarte!" Al contrario, en una carta de un centro turístico volveríamos a lo formal y diríamos: "Estamos pasándola bien; ojalá estuvieses aquí," o "¿Cómo estás? Deseo que estés bien" o "espero que bien," aunque no deseamos ni esperamos nada. Tales palabras sólo reflejan un esperado lenguaje formal. Pablo no andaba con ceremonias con sus recomendaciones de Timoteo. Les dijo a los filipenses que podían confiar en Timoteo porque él ya lo había probado.

Mujeres con sentimientos e ideas afines

Pablo también describió a Timoteo como "del mismo ánimo" (Filipenses 2:20). Timoteo y él estaban de acuerdo en las cosas importantes, y creía que los filipenses encontrarían en Timoteo ideas afines. Pablo les dijo: "como hijo a padre ha servido conmigo en el evangelio" (Filipenses 2:22). ¡De tal padre, tal hijo! Pablo y Timoteo sirvieron juntos haciendo la voluntad de Dios. En su vida y servicio espiritual, usted encontrará que es muy fácil caminar al lado de una amiga, alguien que tenga ideas afines a la suya y que quiera trabajar con usted. Puede decidir encontrar una mentora cristiana que le guíe mientras busca la sabiduría de Cristo.

Buscar a Cristo

En el libro *Seeking Wisdom: Preparing Yourself to be Mentored,* muchas mujeres cuentan lo que sus mentoras les significan para ellas. Una mujer espiritualmente madura puede ser vital para su caminar diario con Cristo, si usted ha perdido el camino; pero no se olvide que Cristo es el mejor mentor por sobre todos los demás. Si ha perdido el camino, búsquelo a El como su primera prioridad.

La prueba del servicio

Una vez conocí a una joven, una muchacha muy amable, llamada Susan Beddington, que se quedó un rato después de una conferencia de mujeres. Ella quería ir más allá de estudiar la Palabra de Dios; quería vivirla, enseñándoles a sus amigas una visión mundial, proyectando su vida de forma tal que otros pudieran ver el cuadro mundial. Ella dijo: "Si alguna vez hay algo en que yo pueda ayudar, por favor, llámeme."

Un día tenía una montaña de material impreso, copias y papeles, que tenía que engrapar. Vacilé por un momento y llamé a Susan.

Inmediatamente ella se puso en acción. Le pidió a alguien que le cuidara los niños. Llegó en una hora y terminó la montaña de papeles rápida y eficientemente. Yo sé que se puede confiar en Susan porque su servicio lo prueba. Ella vino y me sacó del apuro cuando la necesité. Después supe que ella también es una persona de gran influencia en su iglesia y comunidad.

Tengo también otra hermosa amiga, Tricia Scribner, de la cual he sido mentora por ocho años. Siendo 17 años menor que yo, siempre lleva mi equipaje cuando tenemos conferencias juntas. Algunas veces ella me sirve su mejor pudín. La prueba de su sinceridad está en su servicio, pero también se encuentra en el pudín. ¡Riquísimo!

El misterio de la transformación:
Mirar a través de los ojos de otro

La carta de recomendación para usted no refleja en nada un retrato suyo. El la ve pura e inocente, leal y sin egoísmo. Si tiene relación especial con Cristo, Dios la ve como la mejor amiga de su Hijo. Usted es hermosa a sus ojos, porque está reflejando a Cristo. ¿Cómo puede ser esto posible cuando se siente pecadora, egoísta y no tan pura o inocente? Bueno, es que Dios no ve su pecado ya que ha sido lavado en la sangre de Cristo Jesús, quien se sacrificó por usted. Es también su hija de milagro, salvada por el misterio de su gracia, y transformada a una nueva vida.

Un editor cristiano una vez me quiso emplear como editora de una revista para mujeres. El gerente de personal llamó a su oficina en el estado donde yo vivía, pero no encontró a nadie que me recordara. La oficina del estado llamó a mi iglesia y mi tía Alicia, que trabajaba como secretaria allí, contestó la llamada. ¡Imagínese usted la maravillosa recomendación que ella dio! Me dieron el trabajo. Cuando nuestro Hermano Cristo nos da una carta de recomendación, estamos seguras de por vida—¡vida eterna con nuestro Padre!

estudio 8
Viajar con amigas
FILIPENSES 2:24

Cuando nuestro vuelo fue cancelado, 22 mujeres y yo tuvimos que pasar la noche en una ciudad extraña. Algunas nos quedamos en Nueva York y otras se quedaron en Atlanta. Antes de esta experiencia éramos apenas conocidas que hacíamos un viaje de entrenamiento juntas. Después de esta aventura fuimos amigas para siempre. Quizá usted también tenga esas amigas de siempre: aquellas amigas con las que puede comenzar una conversación que dejó inconclusa hace cinco años y puede hablarles como si el tiempo no hubiera pasado. Cuando esas amigas y yo nos encontramos de nuevo, recordamos

entre amigas

cosas que parecen graciosas ahora, pero que fueron horribles cuando sucedieron. La almohada de una señora que decía que no podía dormir sin ella fue empacada con sus cosas y regresada a su casa. Otra señora abrió la llave del agua en la ducha, y el agua le dañó el peinado por el que había pagado ese día una fortuna a un estilista en Nueva York. ¡Todavía grita cuando recuerda el desastre! Otra se lastimó el tobillo y tuvieron que llevarla a medianoche al hotel en silla de ruedas. Nuestra amistad se cimentó en la adversidad. Algunas veces cuando viajamos con amigos y tenemos que enfrentarnos a dificultades, las mismas nos ayudan a distinguir quiénes son realmente nuestros amigos.

En el Estudio 7 leímos sobre la carta de recomendación que Pablo envió a los filipenses acerca de Timoteo. Pablo y Timoteo eran amigos para siempre. Timoteo estuvo al lado de Pablo a través de adversidades serias. Pablo había sido tomado preso en Jerusalén y eventualmente terminó en una prisión romana, donde Timoteo estuvo a su lado la mayor parte del tiempo. En este capítulo veremos que Pablo estaba confiado de que pronto sería libre. Anunció a los filipenses que les estaba enviando a Timoteo para que los visitara, y agregó: "y confío en el Señor que yo también iré pronto a vosotros" (Filipenses 2:24). Quizá Pablo planeó que Timoteo visitara Filipos, regresara a Roma, y más tarde viajaran juntos a Filipos.

Viajar a través de valles

Una vez mi pastor me dijo en secreto, a la entrada de un hospital, lo siguiente: "Nosotros no aprendemos nada durante los buenos tiempos, ¿sabes eso? Dios nos enseña sólo cuando sufrimos situaciones horribles."

¿Qué sufrimientos ha tenido?

¡Sí, claro! pensé yo. *¿Cómo me puede ayudar a mí el dolor de ver a mi hijo sufriendo?* Sus palabras me molestaron. Rehusé aceptar que el sufrimiento que nosotros íbamos a padecer me iba a beneficiar.

Así como odié admitirlo, tuve que aceptar que el pastor tenía razón. A través de los años he conocido el valor del sufrimiento. Nunca he sabido lo que me enseñó Dios en tiempos de euforia, pero puedo recordar vívidamente lo que me enseñó cuando mi espalda estaba contra la pared, y fue mi único Amigo. Me recosté sobre sus eternales brazos y me amparé bajo sus alas, encontrando refugio donde no lo había.

Describa una experiencia de haber caminado a través de los "valles."

Tengo una amiga que acaba de perder a su padre. Ella aprovechó el momento para testificarles a varios de sus familiares no salvos, y resultó que algunos conocieron al Señor como su Salvador. El servicio fúnebre fue una ocasión de tierna aflicción para los familiares, lo que les hizo más receptivos al evangelio. Así como una muerte en la familia le da a un cristiano la oportunidad de hablar de la vida después de la muerte con familiares no salvos, el sufrimiento que experimenta le da credibilidad para testificar.

Considere cómo podría usar esos "valles" para llevar a otros a Cristo. (Escriba cualquier cosa que le venga a la mente.)

Pablo dijo: "el cual nos consuela en todas nuestras tribulaciones, para que podamos también nosotros consolar a los que están en cualquier tribulación, por medio de la consolación con que nosotros somos consolados por Dios" (2 Corintios 1:4). Pablo probablemente pudo consolar a muchas personas afligidas en la cárcel. Quizá tuvo que consolar a algunos de los guardias que servían en el área de la prisión donde estaba, o a los familiares de los prisioneros. Probablemente consoló a personas con poder político, tales como abogados que visitaron a sus clientes que estaban encarcelados. El también esperaba consolar a los filipenses cuando estuviera con ellos. ¿Cómo puede consolar a otros con el consuelo que recibe de Dios?

Viajar a través de montañas
Escuché ayer cómo una muchacha adolescente ganó un concurso de dones naturales en un programa de televisión. En vez de dar las gracias a los patrocinadores del concurso o a los jueces, ella dijo: "Doy las gracias a mi Salvador Cristo Jesús de quien he recibido toda la ayuda." Con frecuencia oigo a ganadores de competencias atléticas, y otros ganadores de premios, agradecerle a Dios por su ayuda. ¡Qué alegría escucharles!

¿Cómo reacciona cuando escucha a alguien alabar a Dios en programas televisados? (Abajo marque todo lo que sea aplicable.)

❏ Algunas veces me siento avergonzada cuando escucho el nombre de Cristo.
❏ Pienso que esa clase de testimonio no es sincero.
❏ Sonrío y me gozo cuando nuestro Señor es reconocido.
❏ Ese tipo de conversación debe usarse en la iglesia, no en la televisión.
❏ Quisiera que más personas alabaran al Señor dondequiera que estén.
❏ Voy a hacer mejor en cuanto a darle a El el crédito por mi vida.

En el viaje de la vida no olvide alabar a Dios cuando se encuentre en la cima de la montaña.

Viajar con un presupuesto reducido
Algunas veces se nos acaba el dinero durante un viaje. Recuerdo unas vacaciones de mi familia, en la Florida, donde nos sorprendió el precio excesivo del centro turístico. Después del primer día fue obvio que teníamos que reducir nuestros gastos. En vez de comer en restaurantes caros, lo cual fue nuestro plan original, tuvimos que comer en los de comida rápida. Aún hoy día nos reímos acerca de nuestro viaje de perros calientes por la Florida. Cuando el dinero, la comida o cualquier artículo de necesidad esté escaso, recuerde que Dios viaja con usted para ayudarle a que su presupuesto se alargue. El también le promete que su presupuesto espiritual nunca escaseará.

Viajar juntas
¿Conoce la canción "A Bicycle Built for Two" ("Una bicicleta fabricada para dos")? Cuando tenía siete años de edad, Tía Clara me permitió montar con ella en su bicicleta que había sido fabricada con dos

---

entre amigas

Si puede recordar una época de problemas en su vida, describa abajo cómo Dios la consoló.

Porque me siento agradecida hacia alguien con quien viajé, haré todo lo posible para animarla.

asientos. Ella me llamaba Daisy, el nombre de la muchacha en la canción, y nosotras pedaleábamos una larga tirada en esa bicicleta. Yo me cansaba, pero ella seguía pedaleando hasta que llegábamos a nuestra casa. Jesucristo nos lleva hacia delante hasta que lleguemos al hogar—hasta nuestro hogar celestial. No importa si vamos cuesta arriba o cuesta abajo, en el valle o en la cima de la montaña, porque El siempre esta ahí, dándonos la energía para seguir. ¿Tiene una tía Clara que le mantiene yendo de vez en cuando, animándole para que persista hasta el final? ¿Cuánto tiempo ha pasado desde que le dio las gracias? Haga una pausa ahora y dele gracias a Dios por alguien que le acompaña en su jornada espiritual.

El misterio de la transformación: Dios provee para el camino

La ironía de esta historia es que Pablo murió. El puso toda su confianza en Dios (Filipenses 2:24), y sin embargo, probablemente nunca vio otra vez a los filipenses en la tierra. Pablo estaba agradecido que Dios proveyó para él a todo lo largo del camino sin importarle las consecuencias. En vez de gritar "¡No es justo!" fue transformado por el poder de Dios para que se regocijara aun en el sufrimiento y la muerte por la causa de Cristo. Por un misterio que ningún mortal entendería completamente, estaba confiado que se reuniría con ellos en el cielo, donde todos los cristianos, inclusive usted, viviremos eternamente.

estudio 9
Ministrar a sus deseos
FILIPENSES 2:25

Pablo les recordó a los filipenses del ejemplo de sus dos primeros siervos: Timoteo y él mismo. Ahora les sugirió un tercero: "Mas tuve por necesario enviaros a Epafrodito, mi hermano y colaborador y compañero de milicia, vuestro mensajero, y ministrador de mis necesidades" (Filipenses 2:25). Epafrodito llevó a los filipenses esta carta de Pablo que usted está estudiando. Los filipenses enviaron con Epafrodito, antiguo miembro de la iglesia, dinero, noticias y ánimo para Pablo. Los filipenses habían sido siempre los que con más fidelidad habían brindado apoyo financiero a Pablo. Hacía algún tiempo, cuando Pablo estaba comenzando una iglesia en Tesalónica, los filipenses le enviaron dinero; también le enviaron apoyo en Corinto. Después de algún tiempo, recibieron la noticia que Pablo estaba encarcelado en Roma, así que enviaron a Epafrodito con dinero otra vez. Epafrodito tenía planeado ser un defensor ministrando a Pablo en sus necesidades, pero enfermó. Pablo se convenció de que Epafrodito debía regresar a casa rápidamente. La carta a los Filipenses relata por qué Epafrodito tuvo que regresar inesperadamente.

Quiero una hermana

Primero Pablo describe a Epafrodito como su hermano. Sin tener en cuenta la rivalidad entre hermanos, generalmente su hermano o hermana toma el lado suyo en una discusión, la defiende en contra del mundo, o le ofrece su hogar cuando no tiene ninguno.

Mi amigo Theo dice: "Cuando estaba en el tercer grado, un muchacho grande y abusador, llamado Dutch, me atacó en la escuela. Mis pies volaron nueve cuadras hacia mi casa seguida de cerca por Dutch. Abrí la puerta de mi casa y grité, "¡Mamá!" pero no encontré a nadie. Corrí por el pasillo saliendo por la puerta de atrás con Dutch alcanzándome la parte de atrás de mi camisa. Mi hermano Thomas tenía un trabajo de medio tiempo en una tienda, y corrí hacia allá lo más rápido que podía. Le vi barriendo la acera enfrente de la tienda. Salté por encima de la escoba y me escondí detrás de Thomas. El detuvo la carrera de Dutch y lo mantuvo a raya. Dutch comenzó a tirar golpes, pero Thomas lo sujetó por la frente, mientras Dutch sacudía sus brazos sin alcanzar a Thomas. Después de que a Dutch se le acabaron las fuerzas, dejó de tirar golpes y se retiró. Thomas salió del trabajo temprano y nosotros caminamos juntos hacia la casa, hermanados hasta el fin."

Quizá no tenga hermanos, o sus hermanos quizá nunca hayan estado cerca de usted. Quizá necesite un sentido de relación familiar o desee un hermano mayor que le proteja, o una hermana que le sirva de confidenta y de ejemplo. Quizá necesite sentir cariño paternal porque creció en un hogar de padres no cristianos que no le ofrecieron protección. Cualquiera que sea su necesidad familiar, Dios la puede suplir por medio de amigos, hermanos y hermanas en Cristo, o la familia de la iglesia.

Quiero un compañero

Segundo, Pablo describe a Epafrodito como su colaborador y compañero de trabajo. Pocas cosas tienen más recompensa que tener un compañero de trabajo cristiano mientras realiza alguna tarea para el Señor. Trabajar juntos en el servicio de la iglesia, o en un viaje misionero, edifica un espíritu cristiano de cooperación. Puede ser que usted esté buscando una mentora cristiana, alguien que la guíe mientras crece en el servicio cristiano. Pablo sabía que Epafrodito era un compañero así, un recurso especial en muchos sentidos.

Quiero un soldado

Tercero, Pablo describe a Epafrodito como un compañero de milicia. ¿Ha deseado alguna vez que alguien la defienda, alguien que se pare junto a usted cuando tenga problemas?

Quiero un mensajero

Cuarto, Pablo describe a Epafrodito como un mensajero. Usted, como yo, puede estar buscando un mensaje de Dios. Muchas veces he mirado la pared en blanco sobre mi computadora y he orado: "Señor,

---

entre amigas

¿Cuáles son cuatro palabras o frases que Pablo usa para describir a Epafrodito?
1.
2.
3.
4.

Describa la clase de persona que le gustaría que estuviera a su lado.

entre amigas

Haga una lista de sus necesidades y pase unos momentos pidiendo a Dios que se las supla.

¿me mostrarás alguna mano escribiendo en la pared, aquí mismo frente a mí? Nadie más tiene que verla, Señor, pero necesito que me la muestres a mí. *Muéstramelo.*" Le pedí a Dios que me mostrara su mensaje cuando mi hija Patsy buscaba un traje de novia. Comenzamos en octubre cuando Tim anunció que le regalaría el anillo de compromiso para Navidad. Patsy y yo visitamos un diseñador exclusivo en Birmingham. Cuando el empleado puso un traje hermoso frente a nosotras, le pregunté el precio. Sus ojos me dijeron: "Si tienes que preguntar por el precio es que no puedes pagarlo." Sus ojos decían la verdad. No podíamos comprar el traje porque costaba más de $3,000.

En los próximos meses visitamos docenas de tiendas de trajes de novias, desde Alabama hasta Carolina del Sur. ¡Nos detuvimos en cada centro comercial de Atlanta, Greenville y Spartanburg, inclusive Pell City, Boaz, Opp, Winder y Clinton! Oramos por un traje que estuviera al alcance de nuestro presupuesto de $500. En febrero encontramos el vestido perfecto en una tienda de novias en Carolina del Sur: con el cuello en forma de V en el frente y un arco en la espalda. Cuando vi el precio en la etiqueta, no lo pude creer: ¡$499.99! ¡Aleluya! Cuando llegamos a la cajera, ésta nos dijo que costaba $350. ¡Aleluya! ¡Aleluya! Pagamos $50 de depósito y ordenamos el vestido en la talla correcta.

Le dije a todo el mundo cuán bueno había sido el Señor con nosotras. Le habíamos pedido un vestido alrededor de $500, y nos lo proveyó al precio de ganga.

A finales de abril sonó mi teléfono en Birmingham. Era Patsy; estaba llorando. "Mamá, no lo vas a creer," me dijo. "Mi hermoso vestido … lo han descontinuado. Oh, mamá, ¿qué vamos a hacer? Nos tomó cinco meses encontrar el vestido perfecto, y sólo nos quedan seis semanas."

Respondí con toda la tranquilidad que una madre cristiana puede usar: "Patsy, ¿no crees tú que Dios puede hacer cualquier cosa?"

"Sí," respondió ella.

"Bien, oraremos por otro vestido. ¿No crees que Dios es capaz de proveer otro vestido?"

"Sí," dijo ella sollozando.

"Muy bien, iré a verte el próximo fin de semana, y veremos que es lo que Dios ha provisto."

"Está bien," dijo ella, y colgó el teléfono.

Puse el mío en la base y me di cuenta de que ni yo misma creía las palabras que le había dicho a Patsy. Estaba enfadada con Dios, así que, como mi oficina no tenía puertas, me arrodillé detrás del escritorio en mi cubículo, y agitando mi puño oré: "Señor, ¿cómo me has hecho esto a mí? Mi niña está llorando a dos estados de distancia de mí, y yo la he dejado a ella y a mi familia para venir a servirte aquí, y ahora Tú me dejas así."

Al día siguiente recibí otra llamada de Patsy. "¡Mamá, no vas a creer esto! Las personas de la tienda no me pudieron devolver los $50 ayer, pero hoy al regresar a la tienda la modista llegó y me ofreció arreglar el modelo que estaba en exhibición, y ahora me sirve. Lo van a mandar a limpiar, y como está descontinuado ¡me lo dejaron en $250!"

No pude pedir disculpas desde mi silla, así que me arrodillé detrás de mi escritorio y oré: "Oh, Señor, perdóname. Tú siempre has provisto para mis necesidades. Siempre lo harás. Un vestido de novia es insignificante comparado contigo. ¡Gracias, Señor misericordioso! ¡Gracias, oh mi Dios!"

El misterio de la transformación: Jesucristo es la plenitud
Pablo dice que Dios provee "todas las cosas mucho más abundantemente de lo que pedimos o entendemos, según el poder que actúa en nosotros" (Efesios 3:20). ¡Cristo es el que nos llena, supliendo nuestras necesidades en abundancia! He aquí el misterio: Dios "sometió todas las cosas bajo sus pies, y lo dio [a Cristo] por cabeza sobre todas las cosas a la iglesia, la cual es su cuerpo, la plenitud de Aquel que todo lo llena en todo" (Efesios 1:22–23). ¡El es nuestra plenitud, y nosotros, los hermanos cristianos, somos su plenitud, transformados para servirle a medida que vivamos en plenitud de vida!

entre amigas

¿Necesita pedirle a Dios que le perdone por dudar que El proveerá para sus necesidades? Si es así, escríbale ahora pidiéndole perdón.

estudio 10
Enferma y cansada de estar enferma y cansada
FILIPENSES 2:26–30

En el estudio anterior se miró el ejemplo de Epafrodito, el amigo fiel de Pablo. El apóstol escribió la carta a los filipenses para explicarles por qué su querido amigo tuvo que regresar al hogar tan inesperadamente. Epafrodito necesitaba recuperarse de su enfermedad.

Cuando estoy enferma
Cuando usted está enferma, ¿se convierte en una persona diferente? La mayoría responde que sí. Quieren que los dejen solos, o desean la atención constante. Imagine esta situación: su esposo no va al trabajo y se queda en la casa. "Querida, me siento muy mal para ir a trabajar. Creo que es la gripe. La garganta y la cabeza me duelen, y tengo náuseas. Oh, déjame acostarme aquí. No me traigas desayuno; prefiero morirme que comer. Cierra la puerta; me molesta el olor."

Más tarde escucha: "Querida, ¿podrías venir un momento al cuarto? Sabes, ahora que lo he pensado un poco, quizá me pueda comer un pan seco tostado. Creo que me fortalecerá el estómago y me sentiré mejor."

Momento después, cuando le trae el pan le dice: "Gracias, no te preocupes por mí. Ve, haz lo que tienes que hacer con el desayuno de los niños."

Desde el pasillo oye una voz animada: "Oye, querida, ¿podrías traerme un poquito de jalea para ponerle al pan?" El día continúa así.

entre amigas

De acuerdo a Salmos 16:8–9, ¿por qué no va a ser sacudida usted, a pesar de su estado de ánimo?

¿Qué siente cuando Él está cerca?

Salmos 16:8 dice que Dios "está a mi diestra." ¿Cómo puede mantenerle cerca?

Escriba su decisión de mejorar dicha situación. Esto haré:

Tráeme mi anillo que muestra el estado de ánimo; voy a cambiarme

Muchas veces no estamos enfermas con una enfermedad contagiosa, pero quizá tengamos una falta de balance hormonal. Las hormonas nos hacen hacer cosas extrañas. El PMS (síndrome premenstrual), la menopausia o cualquier otra cosa que sube y baja nuestro estado emocional nos puede hacer sentir enfermas y cansadas de estar enfermas y cansadas.

Cuando nuestro estado de ánimo mejora, podemos contar que el Espíritu de Dios nos mantendrá estable. "A Jehová he puesto siempre delante de mí; porque está a mi diestra, no seré conmovido. Se alegró por tanto mi corazón, y se gozó mi alma; mi carne también reposará confiadamente" (Salmo 16:8–9).

La oración reduce la alta presión arterial, según *Seeking Wisdom: Preparing Yourself to be Mentored*. Por supuesto, ninguno debe dejar de tomar medicinas que el médico le haya recetado, pero una actitud optimista y la habilidad para relajarse ciertamente le ayudarán con su condición física general.

¿Qué han oído?

En la carta a los filipenses, Pablo relata que Epafrodito sabía que ellos ya habían oído de su enfermedad: "… gravemente se angustió porque habíais oído que había enfermado" (Filipenses 2:26). Algunas veces nos sentimos mejor cuando estamos rodeados de nuestros amigos. Timoteo y Epafrodito eran amigos leales de Pablo que probablemente lo animaban con pasajes de las Escrituras, testimonios y quizá algunos chistes.

Una palabra placentera puede sanar. "Panal de miel son los dichos suaves; suavidad al alma y medicina para los huesos" (Proverbios 16:24). Cuando era adolescente escuché este falso proverbio: "Lo bello sólo llega hasta la profundidad de la piel, pero lo feo baja hasta lo profundo de los huesos." Dios dice que las palabras placenteras penetran los huesos. Sus palabras efectúan cambios en la vida de otras personas. Palos y piedras no son las únicas cosas que rompen los huesos; las palabras desagradables le herirán también. Así como las palabras de ánimo pueden sanar a otros, las de desaliento le pueden herir también.

Ahora tenga un tiempo con Dios. Pídale que le haga recordar a alguien a quien hirió con palabras de desánimo.

Pablo confirma la condición de Epafrodito diciendo: "Pues en verdad estuvo enfermo, a punto de morir; pero Dios tuvo misericordia de él, y no solamente de él, sino también de mí para que yo no tuviese tristeza sobre tristeza" (Filipenses 2:27).

Añorar a Mamá

Muchas veces añoramos a Mamá. Creo en el concepto de "mama n'em" (expresión en inglés, usada en el sur de los Estados Unidos, equivalente a "mamá-y-ellos"). Esta idea es que cuando uno siente deseos de regresar a casa se dice que va a la casa a ver a "Mamá-y-ellos." Esta casa es realmente cualquier lugar que usted añore. Mi madre está en la presencia del Señor, pero sigo visitando a mi "mamá-y-ellos" en Carolina del Sur, donde siento la sensación profunda de que estoy en mi propia comunidad. Algunos aún podemos recordar el lugar donde se reunía toda la familia, el lugar llamado "el antiguo hogar" ("the old home place"). Todavía se celebran allí las reuniones familiares, y los ancianos de la familia pueden recordar cuando ellos vivían allí. Añoramos el consuelo de aquella comunidad.

En verdad, nuestra añoranza es por un lugar mayor y mejor, llamado el cielo. Ninguno de nosotros se encontrará totalmente en su hogar mientras estemos en la Tierra, porque añoramos estar con nuestro Señor en su perfecto hogar, donde El está sentado en el trono, y todo el lugar resplandece con su gloria.

Pon los ojos en tu hermana

Parte de una comunidad perfecta es el compañerismo de los hermanos (se incluyen hermanas) cuando viajan juntos. Pablo sabía que sus hermanos en la fe iban a sentirse contentos de ver a Epafrodito.

> "Así que le envío con mayor solicitud, para que al verle de nuevo, os gocéis, y yo esté con menos tristeza. Recibidle, pues, en el Señor, con todo gozo, y tened en estima a los que son como él; porque por la obra de Cristo estuvo próximo a la muerte, exponiendo su vida para suplir lo que faltaba en vuestro servicio por mí" (Filipenses 2:28–30).

El misterio de la transformación: Cómo controlar el dolor

Una parte de saber controlar el dolor está en la concentración—no en concentrarse en el dolor, sino en una actividad placentera y divertida. Una parte del dolor de Pablo hubiera sido aliviado si hubiera sabido que Epafrodito estaba con amigos que se sentían contentos de verle. Epafrodito se hubiera recuperado junto a su familia de la iglesia y su comunidad. En Roma Pablo se mantuvo calmado y confiado porque mantuvo en el corazón al Espíritu Santo y su concentración en Jesucristo. Esto es el misterio: ¡El mismo Espíritu que transformó a Pablo le puede transformar a usted!

---

entre amigas

¿Puede identificar en su vida a alguien como Epafrodito—una verdadera amiga (o amigo) hasta el fin? Explique por qué le considera un verdadero amigo(a), siervo y consolador.

unidad 3:

Señor, mantén mi barca serena
(No tengo timón)

¿Ha pensado alguna vez que se encuentra en el nivel más bajo antes de que empiece a recobrar su aliento? ¿Está navegando sin timón? ¿Volando sin alas? Cuando piense que no hay nada que la mantenga tranquila, confíe en Dios para que El le dé gozo en vez de desencanto, moderación en vez de desorden, gracia en vez de quejas, y paz en vez de preocupaciones. Mantenga el corazón y la mente para escucharle a través de las palabras de esta unidad, y El le mostrará un vistazo del futuro y cómo puede ajustarse en él. Después, en el último capítulo, se explicará una forma más amplia de ver al mundo, a medida que se concentra en cosas que son:

verdaderas,
honestas,
justas,
puras,
amables,
de buen nombre,
de virtud, y
dignas de alabanza (Filipenses 4:8).

Como una cristiana influyente, piadosa y santa, puede hacerlo, pero no se deje desanimar ahora. ¡Comience este estudio!

entre amigas

estudio 11
Gozo perpetuo, lo opuesto al desánimo
FILIPENSES 4:4

Gozo es una palabra muy usada. Hablamos del gozo de cocinar, el gozo de la felicidad, el gozo de estar contento, saltar de gozo, el gozo de acampar o el gozo de la felicidad conyugal. De acuerdo con la Real Academia Española, el significado de *gozo* es "sentimiento de complacencia" o "alegría del ánimo."

La Biblia habla del gozo verdadero. En las Escrituras encontré la palabra *joy* ("gozo" en inglés) 164 veces—ocho veces en Filipenses. Esta carta de Pablo ha traído a mi vida gran gozo a través de los años. ¡Es un libro para gozarse! Encontré recientemente las siguientes notas de mis estudios de Filipenses en 1966: "¡Gozo! ¡La existencia cristiana es una vida de gozo! El gozo permanente es lo opuesto al desaliento." Estas notas son verdaderas. Si usted se encuentra desanimada, lea Filipenses y léalo otra vez; repita el gozo, y ¡regocíjese! Pablo dice: "Regocijaos en el Señor siempre. Otra vez digo: ¡Regocijaos!" (Filipenses 4:4). Repita el gozo; viva en él, y él se filtrará dentro de su alma, hasta que su corazón descanse en el gozo que sólo Cristo puede dar.

Regocíjese en el Señor
Lea cuidadosamente los siguientes pasajes bíblicos y marque los que se aplican a usted:

❏ 1. "Mucho se alegrará el padre del justo" (Proverbios 23:24*a*).
❏ 2. "Cuando los justos dominan, el pueblo se alegra" (Proverbios 29:2*a*).
❏ 3. "El justo cantará y alegrará" (Proverbios 29:6*b*).
❏ 4. "Yo he conocido que no hay para ellos cosa mejor que alegrarse y hacer bien en su vida" (Eclesiastés 3:12).
❏ 5. "Más os gozaréis y os alegraréis para siempre en las cosas que yo he creado; porque he aquí que yo traigo a Jerusalén alegría, y a su pueblo gozo" (Isaías 65:18).
❏ 6. "Canta, oh hija de Sión … gózate y regocíjate" (Sofonías 3:14).
❏ 7. "Canta y alégrate, hija de Sión; porque he aquí vengo, y moraré en medio de ti, ha dicho Jehová" (Zacarías 2:10).
❏ 8. "Bienaventurado seréis cuando los hombres os aborrezcan, y cuando os aparten de sí, y os vituperen, y desechen vuestro nombre como malo, por causa del Hijo del Hombre. Gozaos en aquel día, y alegraos, porque he aquí vuestro galardón es grande en los cielos" (Lucas 6:22–23).
❏ 9. "Aunque vosotros estéis tristes, vuestra tristeza se convertirá en gozo" (Juan 16:20).
❏ 10. "Nadie os quitará vuestro gozo" (Juan 16:22*b*).

❏ 11. "Porque está a mi diestra, no seré conmovido. Por lo cual mi corazón se alegró, y se gozó mi lengua" (Hechos 2:25b–26a).
❏ 12. "… Y nos gloriamos en la esperanza de la gloria de Dios" (Romanos 5:2b).
❏ 13. "Gozaos con los que se gozan; llorad con los que lloran" (Romanos 12:15).
❏ 14. "Estad siempre gozosos" (1 Tesalonicenses 5:16).
❏ 15. "A quien amáis sin haberle visto, en quien creyendo, aunque ahora no lo veáis, os alegráis con gozo inefable y glorioso" (1 Pedro 1:8).
❏ 16. "Mis entrañas también se alegrarán cuando tus labios hablen cosas rectas" (Proverbios 23:16).
❏ 17. "Sino gozaos por cuanto sois participantes de los padecimientos de Cristo, para que también en la revelación de su gloria os gocéis con gran alegría" (1 Pedro 4:13).
❏ 18. "Alcen la voz el desierto y sus ciudades; … canten los moradores de Sela, y desde la cumbre de los montes den voces de júbilo" (Isaías 42:11).

¿Cuáles de las citas bíblicas se relacionan con el gozo en medio de una crisis?

¿Cuáles se relacionan con el gozo en el sufrimiento?

¿Cuáles se refieren al gozo de cantar?

¿Cuáles a las relaciones humanas que traen gozo?

¿Cuáles a su relación con Dios?

De acuerdo a esos versículos, ¿cuáles son las cosas que traen el verdadero gozo?

En Apocalipsis, Juan habla del gozo final. Una gran multitud de los que adoraban a Dios exclamaban: "Gocémonos y alegrémonos y démosle gloria; porque han llegado las bodas del Cordero, y su esposa se ha preparado" (Apocalipsis 19:7). Jesucristo, el Cordero, se reunirá con su novia, la iglesia, aquellos que han creído en Jesucristo. Los creyentes cristianos como usted y yo estaremos listos para ver de frente al Señor; nuestra esperanza en El traerá el gozo final.

entre amigas

Comparta sus respuestas con su compañera de estudio.

entre amigas

Comparta con su compañera de estudio esa línea dibujada que representa su vida.

Al mirar atrás, considere: ¿cuándo ocurrió su momento de gozo más grande?

Tiempos de gozo en su vida

Frecuentemente puede sentirse incapaz de reconocer el gozo cuando lo experimenta. Se da cuenta que ha encontrado el gozo profundo sólo cuando mira atrás y ve las formas en que ha seguido a su Señor paso a paso, aun en medio de las crisis y las tragedias. En el espacio abajo, dibuje una línea que represente su vida. Marque los tiempos de gozo experimentados en ese transcurso o en ese lapso.

Al mirar atrás, considere esto: ¿cuándo tuvo en su vida la mayor experiencia de gozo?

¿La abundancia le produjo gozo? ¿Por qué sí, o por qué no?

¿Las relaciones amistosas le causaron gozo? ¿Por qué sí, o por qué no?

¿La presencia de Dios le sostuvo y le dio gozo aun en los períodos de sufrimiento? ¿Por qué sí, o por qué no?

¿Sufrió por la causa de Cristo? ¿Por qué sí, o por qué no?

¿Piensa que ha experimentado todo el gozo posible en la vida? ¿Por qué sí, o por qué no?

El escritor Alexander Pope dijo: "La esperanza trae la eternidad al ser humano. El hombre no existe sino para ser bendecido." Algunas veces no se nota que Dios le está bendiciendo, aun cuando tiene muchas cosas. Siempre espera los días mejores, más comodidad ... más *gozo*. Este deseo de tener el gozo es normal. Mientras esté en este mundo, deseará tener más gozo. Su corazón está ansioso por el cielo, esperando que la esposa de Cristo (nosotros, su iglesia) se reúna con El. Puede anticipar ese tiempo de paz y gozo completo.

Y otra vez digo ...

Escuche de nuevo las palabras de Pablo: "Regocijaos en el Señor siempre. Otra vez lo digo: ¡Regocijaos!" (Filipenses 4:4). Es muy sencillo. Haga esta oración ahora:

Señor, ayúdame a regocijarme en Ti siempre—cada segundo de cada minuto, hora y día. Sin importarme el caos, el dolor y el sufrimiento, mantendré mis ojos en Ti. Oh Dios, me concentraré en tu amor

Años: 1-5   6-10   11-14   15-25   26-35

mientras Tú me traes completa esperanza, paz y gozo. Mantén mi corazón cerca de Ti en este mundo hasta que me reúna contigo en el cielo, el lugar del gozo final. Amén.

El misterio de la transformación: Gozo sobrenatural

Uno de los misterios de correr la carrera hacia el premio de Cristo es el de recibir gozo sobrenatural al correr. Pablo dice: "Mas el fruto del Espíritu es amor, gozo, paz, paciencia, benignidad, bondad, fe, mansedumbre, templanza … Si vivimos por el Espíritu, andemos también por el Espíritu" (Gálatas 5:22–23*a*, 25). Al correr sobre el escabroso terreno fangoso y sucio, con el Espíritu de Cristo dentro de usted, El le transformará en una persona de glorioso gozo. En otras palabras: ¡sonría mucho! Siga adelante, y ¡salte de gozo!

estudio 12
Gentileza por dentro, moderación por fuera
FILIPENSES 4:5

Cuando era niña, durante un paseo por la noche en automóvil con la familia, oí un gran ruido. Miré por encima del asiento delantero. Como siempre mi padre sujetaba el timón. El único problema era que el timón se había desprendido de su base. No pudiendo controlar la dirección del carro, mi padre aplicó los frenos inmediatamente, parando al lado del camino y exclamando: "¡Alabado sea Dios por los buenos frenos!" Muchas veces he pensado en esas palabras, recordando cuán bendecida fui al sobrevivir un accidente potencial tan grande, y tener un padre que en tal circunstancia agradecía a Dios por los buenos frenos. Otro hombre hubiera maldecido, gritando algunas palabras obscenas, culpando al vendedor del auto, pateando las llantas o mostrando un carácter violento de cualquier manera. Es fácil ser gentil y religioso cuando las cosas marchan bien, pero en las crisis la persona muestra lo que lleva adentro. Mi padre parecía testarudo por fuera, pero cuando las cosas salían mal, brillaba la gentileza de su corazón.

Pablo dice: "Vuestra gentileza sea conocida de todos los hombres. El Señor está cerca" (Filipenses 4:5). ¿Cómo podría cultivar un espíritu de gentileza? ¿Cómo puede mantenerse sin echar fuego y después poner agua fría en su cara, cuando se tiene que enfrentar a la montaña que llamamos la vida? ¡Para mí es difícil! Voy bien por un rato;

entre amigas

entre amigas

Comparta sus respuestas con su compañera de estudio.

pero después tengo pensamientos malos, enojados, celosos, desagradables y vengativos que me llevan a una actitud no cristiana si no me detengo a tiempo.

Un espíritu gentil

La gentileza es lo opuesto a la violencia. En una escala del 1 al 10, ¿cómo se describiría usted? (El número 1 significa muy gentil; el número 10, más violento.)

1   2   3   4   5   6   7   8   9   10
gentil   violento

Describa sus acciones y pensamientos violentos.

Describa sus acciones y pensamientos gentiles.

En la primera parte, ¿mencionó algunas de las expresiones siguientes: rabia o furor, palabras maldicientes, coacción, gritería a sus niños y esposo, palabras denigrantes o hirientes, negarse a dialogar para resolver problemas, pensamientos que incuban celos, o malos deseos? ¿Ha puesto en su lista algunas de estas palabras? Si el enojo le lleva al pecado, necesita el perdón y la limpieza.

Para la segunda pregunta, ¿escribió en su lista estas expresiones: hacer las paces con alguien que le trató mal a usted; tocar tiernamente (nunca pegando ni empujando); hablar suavemente; mostrar paciencia; poner a otros primero; oír cuidadosamente y respetar las opiniones de los demás; o animar a otros con palabras de aliento?

Puede ser que no reconozca sus actitudes o acciones violentas. Es fácil caer en malos hábitos culpando un mal ejemplo o a nuestra familia por su situación ahora. (O culpar al otro individuo, a su ser más querido, o aun a Dios, por todas sus desgracias.) Si reconoce en su vida una tendencia hacia la violencia y la falta de cortesía, es probable que no tenga un plan para dirigir su vida para evitar la violencia y cultivar buenos hábitos de gentileza.

Mire sus respuestas. Comparta con una amiga las Escrituras que usa para cultivar la gentileza. ¿Cómo puede ayudar a otros (esposo, hijos, etc.) a cultivar la gentileza?

Marque en los cuadros algunas formas en que ha tratado de cultivar la gentileza.

❏ Escojo vivir con personas amables y pacientes.
❏ Practico el hábito de la gentileza cada día.
❏ Cuento hasta diez antes de reaccionar.
❏ Recito ciertos versículos de las Escrituras antes de contar hasta diez.
❏ Confío en Dios para que me mantenga gentil y me permita vivir con moderación.
❏ Escucho la voz de Dios y le confieso a El cuando estoy a punto de estallar en ira.
❏ Escojo hablar la verdad en amor, sin gritería.
❏ Otro

Un toro en una tienda de porcelana

Quizá la gentileza no sea parte de su carácter. Aun cuando trata de ser gentil no pasará mucho tiempo antes de convertirse en una máquina de vapor. Algunas veces se sentirá como un toro embistiendo una tienda de porcelana, incapaz de detener su indomable naturaleza.

Reflexione sobre estas frases de 1 Corintios 13: "El amor es sufrido, es benigno; el amor no tiene envidia, el amor no es jactancioso, no se envanece; no hace nada indebido, no busca lo suyo, no se irrita, no guarda rencor" (1 Corintios 13:4–5).

Las combinaciones de estas ideas nos hacen entender lo que Pablo quería decir con la "gentileza," cualidad que no se admira en el mundo de hoy. En un mundo de líderes impacientes, desagradables, jactanciosos, rudos y fácilmente enojados, luchamos para encontrar a personas que sean pacientes, buenas, tranquilas y gentiles en todas las facetas de la vida. Esta semana observé por televisión varios programas en que constantemente había juegos humillantes para los que participaban. Los espectadores presentaban evidencias de que a ellos les gustaban las excesivas humillaciones e insultos del programa. ¿Y a usted?

Está bien, aceptamos que la gentileza representa características o rasgos de la palabra "amor" en 1 Corintios 13, y de una vida de moderación llevada delante de otros (Filipenses 4:5). Vayamos más adelante en nuestro entendimiento de Filipenses 4:5, "… que vuestra gentileza sea conocida de todos los hombres. El Señor está cerca." ¿Podría la gentileza ser la cualidad o característica interna que se muestra en una vida llevada delante de otros en moderación? Ahora bien, ¡si pudiéramos explicar "moderación"! ¿Cuán moderado es la "moderación"? ¿Dónde pondríamos la línea? Veo muchas áreas "grises" y no estoy segura si, en el calor de la batalla, escogiera sabiamente la moderación. La gentileza es la condición del corazón actuando en moderación.

Moderación: No es asunto de blanco y negro

Algunos asuntos son blancos o negros. Sé que el adulterio es incorrecto. Abraham y David lo sabían también, pero ambos cometieron el adulterio cuando la vida se puso gris. En la mente, nublaron las guías, y los dos pecaron. Vigile las áreas oscuras. ¡Ellas son arenas movedizas!

Aguarde la maravilla

Cuando le dice sí a Jesucristo, a medida que El le exhorta tiernamente, usted le pide que venga a su corazón y viva en usted. Un espíritu gentil o un corazón tierno radicará en usted. Como cristiana se asirá a las maravillas del Príncipe de Paz que le llenará de un temor reverente. Las maravillas permanecen toda la vida, sin que importe lo que el mundo, su mente pragmática y Satanás le digan. Dios le permitirá mantener una vida de control propio, de moderación, de amor, al cual Pablo llama "un camino aun más excelente" (1 Corintios 12:30).

---

entre amigas

Si usted es una persona gentil, ¿cómo lo demuestra, o cómo es evidente a todos?

¿Por qué piensa que es más difícil siempre ser gentil con miembros de la familia que con extraños y conocidos?

entre amigas

El misterio de la transformación:
Dios cambia lo gris en blanco
En un viejo anuncio de la televisión las personas que lavaban las camisas se preocupaban por "el aro alrededor del cuello." Los artistas se mostraban disgustados al observar la línea gris de suciedad en la parte de adentro de los cuellos de las camisas y blusas. Sí, las marcas sucias dentro de la ropa es trabajo pesado para todos, usted inclusive. Cuando se entrega a Jesucristo, El lava y quita sus áreas grises. El le limpia y le transforma completamente. De una forma misteriosa su poder borra las áreas sucias y le lava, dejándole tan blanca como la nieve.

estudio 13

Oración de gratitud
FILIPENSES 4:6

Una de mis amigas favoritas dijo: "No puedo dejar de preocuparme. Oh, sí, pongo todas mis preocupaciones y cuidados a los pies de la cruz y me quito las cargas, pero después las recojo de nuevo y las llevo todo el día a todas partes."

En el estudio previo aprendimos cómo vivir en moderación, lo cual es más fácil decir que hacerlo. Los próximos dos estudios le ayudarán a aprender formas prácticas para desarrollar la gentileza interior y llevar una vida exterior de moderación. Primero, Pablo dice: "Por nada estéis afanosos, sino sean conocidas vuestras peticiones delante de Dios en toda oración y ruego, con acción de gracias" (Filipenses 4:6). No debe preocuparse y también debe orar por todo con un corazón agradecido. Establecer una vida de gentileza (moderación) requiere que las preocupaciones disminuyan. ¡Tienen que disminuir! No puede vivir con gentileza y moderación y apesadumbrar su vida con preocupaciones. Las preocupaciones no conquistadas llevan a la desesperación y a las reacciones precipitadas.

La oración conquista la preocupación
Cuando se preocupa demasiado acerca de su vida, su familia, su trabajo o miles de otras cosas, está demostrando que no confía en que Dios cuida todos esos aspectos de su vida. Está diciendo que El no es suficientemente poderoso para cuidar su mundo. Se está diciendo que el que controla todo es usted, no El, y piensa que usted debe cuidar de todos los asuntos.

Cuando ora, pone todas las cosas delante de Dios. Es un asunto terminado. No se queda con nada. Cuando ora, comience con su familia y termine en los confines de la tierra.

Por años he orado la fórmula ACTO.

A Adoración: Alabar a Dios por quién es El. Mencione sus muchos nombres que recuerde, tales como: Señor, Padre, Hijo, Espíritu Santo, Príncipe de Paz, Todopoderoso, el gran Yo Soy.

C Confesión: Piense especialmente en cada cosa mala que ha hecho y pídale que Dios le perdone porque usted reconoce la deidad y la majestad de El, y porque usted es incapaz para salvarse o salvar al resto del mundo. Incluya en su confesión todas esas cosas que le preocupan; entrégueselas a Dios.

T Totalmente agradecida. Dele gracias a Dios por todo lo que pueda recordar. Agradézcale por haber nacido, por la respiración, por los latidos de su corazón, por los pies que caminan, por las manos que se mueven, etc.

O Oración de súplica: Esto puede incluir oración por usted, su familia, los conocidos, las preocupaciones de su iglesia, etc. Puede orar también por los enfermos, por la salvación de los perdidos y por la extensión del evangelio por todo el mundo.

Trate de escribir ahora una oración breve usando la sigla ACTO.

Adoración

Confesión

Total agradecimiento

Oración de súplica

entre amigas

Pase un tiempo en oración con su compañera de estudio. Usen el modelo de la sigla ACTO, y oren por las preocupaciones de cada una.

Comience con usted

Está bien orar especialmente por sí misma, por seguridad, por la pureza personal y por su vida cristiana para que sea ejemplo a otros. Ore por una relación más íntima con El. También es bueno que ore por sus hijos, su esposo u otro miembro de la familia, que Dios les bendiga y guarde contra daños o asechanzas del diablo.

Es bueno orar de adentro hacia afuera, comenzando por usted, por la familia, los amigos de la iglesia y los conocidos; por el alcalde de su pueblo o ciudad, el concilio de la iglesia, los legisladores de su estado, el gobernador y el presidente (aunque estén en partidos políticos opuestos al suyo). Ore específica, ferviente y bondadosamente por ellos. Continúe sus oraciones por otros recordando a los líderes del mundo. Ore específicamente para que Jesucristo sea el Señor de todas las naciones y sus habitantes. Después siéntese y escuche las noticias para ver cómo Dios contesta sus oraciones.

entre amigas

Alabo a Dios por:

Doy gracias a Dios por:

Termine orando por el mundo entero

En 1989, cuando el Muro de Berlín fue derribado y desmantelado pedazo a pedazo por el pueblo berlinés de ambos lados, me reuní aquella semana con amigas cristianas para nuestra reunión de oración. "¿Quién lo hubiera creído?" les dije. "El Muro de Berlín derribado … ¡Nunca imaginé que lo vería derrumbarse!"

Una de mis amigas, Nell Haggert, respondió: "Bueno, no me siento nada sorprendida." Bajé la cabeza con indiferencia, no dispuesta a creer lo que oía. "He estado esperando eso por varios años," dijo ella con modestia.

"¿Qué te hizo pensar así?" respondí.

Con gran convicción agregó: "He estado orando por ello, y Dios siempre contesta mis oraciones."

Sus palabras cambiaron mi vida. Nunca pensé en orar por el derrumbe del Muro de Berlín. He orado por mis hijos, mi esposo, mis amigos enfermos, mis vecinos, mis conocidos y por mi iglesia; pero, ¡pensar en orar por el Muro de Berlín! Bueno, había aceptado que ese muro era una barrera satánica por la cual yo no podía hacer nada! Después de esta experiencia comencé a orar por misioneros, por las víctimas de catástrofes naturales, y por las injusticias mundiales que aparecían en los periódicos. Podía hacer algo por tales situaciones ¡Podía orar al Todo Poderoso que es capaz de cambiar cualquier situación!

Ore por eso. Recuérdelo y anótelo

Cuando era adolescente fui a un seminario de oración. Allí un conferencista dijo: "Cualquiera que sea su preocupación al orar, solamente ore por eso, recuérdelo y anótelo." El me enseñó a llevar un cuaderno de oración, pero pasaron varios años antes que yo llegara a ser sistemática con el cuaderno de oración.

Cuaderno de agradecimiento: Un asunto familiar

Cuando mis hijos eran pequeños, teníamos un cuaderno familiar de gratitud a Dios. En un lado de una página anotábamos cosas que le habíamos pedido a Dios que hiciera por nosotros; en el otro lado, anotábamos las gracias. Algunas veces teníamos que buscar en las páginas anteriores porque Dios no contestaba en el tiempo que esperábamos, pero de cualquier modo dábamos gracias. Nunca tuvimos un concurso de cuadernos de agradecimiento, pero de vez en cuando usábamos este método para infundir una actitud de agradecimiento y cortesía en nuestra familia. De alguna manera, cuando hacíamos énfasis en ser agradecidos, se disminuían las rivalidades entre hermanos, los asuntos de control matrimonial, etc.

En este momento escriba todo lo que pueda pensar para alabar a Dios por su carácter. Después escriba cosas por las cuales darle gracias. Se quedaría sin hojas si anotara las gracias por todo lo que El es y todo lo que ha hecho por usted, su familia y otros. Si es así, comience en su hogar un cuaderno para anotar las gracias.

El misterio de la transformación:
La oración rompe las barreras del sonido

¿Ha deseado alguna vez viajar a lugares lejanos? ¡Puede hacerlo a través de la oración! ¿Ha deseado alguna vez cambiar el mundo en forma dramática? ¡Puede hacerlo por medio de la oración! Dios puede disolver la barrera del sonido—sin mencionar la barrera del tiempo y la de distancia—a medida que ora. ¿No es esto un milagro? La transformación mayor no ocurre en el mundo, sino en su corazón, a medida que ora. Dios le cambia cuando le alaba e intercede por otros.

estudio 14

Paz que sobrepasa todo entendimiento
FILIPENSES 4:7

Estaba sentada en un "mosquito," un avión de ocho pasajeros," de alas frágiles—forrado con papel fino, como las alas de un mosquito—y un pequeño motor de propulsión, que sonaba como un mosquito gigante. Antes de despegar hacia St. Louis, el copiloto (sin espacio para aeromoza) había pasado latas de refresco, y los pasajeros las estaban abriendo cuando entramos en una zona de gran turbulencia del aire. Estaba sentada al lado de un joven muy bien vestido. Al pasar por el primer bache, su lata voló por el aire y el refresco le cayó encima a su almidonada camisa blanca y sobre sus pantalones caros. ¡Se puso tan blanco como había sido su camisa! Recogí la lata del piso y le di mi servilleta mientras él trataba de limpiar el daño. Cuando le ofrecí ayuda no prestó atención, tomó su lata y se sentó en silencio por varias millas. Me puse a mirar mi revista con animados ojos a medida que el avión se sacudía. Finalmente, para mi sorpresa, él me dijo: "¿Cómo puede mantenerse tan calmada?" Su cara estaba todavía pálida y rígida.

Sin pensarlo, le dije: "No estoy preocupada. Algunas veces me duermo durante las turbulencias."

"¡No me diga!" exclamó. Su cara estaba todavía pálida y demacrada.

Traté de recordar si alguna vez, al volar, había sentido tanto miedo como él. Dije: "Las turbulencias me molestaban, creo, pero ahora me he dado cuenta que lo peor que puede pasar es que el avión se caiga y yo me muera. Si muero voy al cielo, y eso es mejor que la tierra; por esa razón ¿por qué tengo que temer? Cuando supera el temor de la muerte, puede relajarse y dormirse mientras las turbulencias sacudan el avión."

"Quisiera poder superar esa sensación de temor," respondió él, volviéndole el color a las mejillas.

entre amigas

entre amigas

"Usted puede," le dije, preguntándole si estaba seguro de que iría al cielo si muriera ...

Dios me dio los más emocionantes momentos en aquel avión. Tuve la oportunidad de explicarle quién es Cristo, y que El había muerto para que nosotros estuviéramos seguros de ir al cielo. ¡El es la llave de entrada! Cuando los cristianos llegan a las puertas del cielo, pueden reclamar su relación con Jesucristo como su Salvador. Jesucristo es el Hijo de Dios, y por eso su nombre es suficiente para salvarles y permitirles entrar a la presencia del Dios viviente.

Cuando salimos del avión ese día, ya el joven lucía mejor. Bueno, tenía algunas manchas de refresco en su ropa, pero su color había cambiado por fuera, y su corazón por dentro. Tengo el presentimiento que hoy él también puede dormir en un avión durante una tormenta.

La habilidad de relajarse en un avión es más allá del entendimiento de uno que tiene temor de caer al vacío. Sin embargo, el relajamiento profundo parece natural a uno que confía en el futuro. Pablo dice: "Y la paz de Dios, que sobrepasa todo entendimiento, guardará vuestros corazones y vuestros pensamientos en Cristo Jesús" (Filipenses 4:7). Me gustan los mismos versículos traducidos de la *Versión del Inglés Contemporáneo* (Contemporary English Version): "Entonces, porque pertenecen a Cristo Jesús, Dios les bendecirá con la paz que nadie puede entender completamente. Y esta paz controlará vuestra forma de pensar y sentir" (Filipenses 4:7 CEV).

Explique que significa "*paz*" para usted.

Entender con la mente

Crecí en un hogar cristiano, y desde niña creí en Cristo como una figura histórica que vivió en la tierra. En la Escuela Dominical aprendí que El nació en el Año Cero, y que desde entonces los años cronológicos son basados en su nacimiento. Me impresionaba que el tiempo mismo pudiera ser medido según la fecha de nacimiento de alguna persona. También aprendí que El vivió 33 años y hizo milagros como sanar a los enfermos y resucitar a los muertos. Le conocí empíricamente, con la mente. Había leído hechos históricos sobre este verdadero Dios-hombre que nació y vivió en Palestina. Sin embargo, era una adolescente la primera vez que sentí que su Espíritu tocaba mi corazón, ¡y entonces creí en El! Confesé mis pecados frente al imponente Dios y le pedí que viviera en mí. Desde ese momento le conozco a El cómo mi Salvador y Señor.

Entender con el cerebro y el corazón

Razonamiento empírico es la forma en que piensa, basada en conocimientos recibidos a través de sus cinco sentidos. Por ejemplo, usted lee un libro con sus ojos y el cerebro entiende los hechos que ha

---

Escriba cosas que ha aprendido acerca de Dios a través de los hechos que ha leído.

Escriba cosas que ha aprendido sobre Dios al escucharle con su corazón.

leído. Mucho del razonamiento empírico depende de su inteligencia. Por otro lado, el razonamiento espiritual no se obtiene empíricamente. Dicho razonamiento espiritual tiene que ver con la forma de sentir, más que con la forma de pensar. Incluye el ser total en el proceso espiritual. Esto es discernimiento: sabiduría espiritual basada en la relación con el Salvador. Lee verdades en la Biblia, pero a medida que medita en ellas, se hacen reales para usted de tal forma que Dios puede hablarle y llamarle por medio de su Palabra.

Areas grises versus materia gris
Un miembro de la iglesia le dijo al pastor: "Hermano Joe, creo que el sermón de hoy me pasó por encima de la cabeza."

El pastor le contestó: "No, Jim, creo que pasó por encima de su corazón."

Algunas veces entendemos a Dios con nuestra cabeza, pero no con nuestro corazón. También algunas veces la materia gris (el cerebro) puede convencer al corazón a que sea razonable, que haga las cosas convenientes en ciertas áreas grises de moralidad y temor. "Oh, no te preocupes," le susurrará. "Deja que el sentido común tome control." En el Estudio 12 dijimos que los asuntos blancos y negros algunas veces parecen grises, y que es difícil discernir la diferencia. Para obtener la paz perfecta en el corazón, el cerebro puede también susurrarle: "Piensa en esto; tienes razón para preocuparte." Entonces, ¿qué hará con las áreas grises de dudas y preocupaciones que bajan desde la materia gris del cerebro hasta el corazón? ¿Es realmente posible dejar de preocuparse?

Paz en el corazón, pero sin paz en la mente
Sí, es posible tener la paz perfecta más allá de todo entendimiento. Cuando tiene una relación personal con Cristo, su espíritu le calma en medio de la tormenta. Puede decir: "Está bien, Señor. Yo no entiendo esto. Mis pensamientos egoístas me dicen que me preocupe acerca de lo que tengo que hacer. Sin embargo, confiaré en Ti, no en mí. Podré pasar a través de esto con gozo, y reposaré en paz contigo."

Ahora ore al Dios de paz, que le dé la paz más allá de todo entendimiento. Manténgase en su promesa en Filipenses 4:7, que usted pertenece a Cristo Jesús, y por eso Dios les bendecirá con paz que nadie podrá completamente entender.

El misterio de la transformación: El Espíritu transforma la mente
No sé cómo me he mantenido absolutamente calmada en medio de las crisis, pero nadie puede negar mi experiencia con la paz más allá de todo entendimiento. El Príncipe de Paz me mantuvo firme a través de cuatro años de convulsiones, la repentina muerte de mi esposo, la pérdida de mis padres, un hijo al borde de la muerte como consecuencia de un accidente automovilístico y una hija con una enfermedad

entre amigas

Escriba las cosas por las cuales desea haber tenido paz.

que amenazaba su vida. ¿Paz? ¡Me vence! No puedo entenderlo. Nadie puede tampoco ¡Sólo acepte la transformación!

estudio 15
Vista de túnel
FILIPENSES 4:8

El 7 de diciembre de 1941, el día del bombardeo de Pearl Harbor, a tío John lo capturaron en Japón, y los japoneses lo mantuvieron prisionero durante el tiempo que duró la Segunda Guerra Mundial. Le preguntamos cómo había podido mantener su espíritu positivo durante los cuatro años de prisión. Había sobrevivido los golpes, el trabajo forzado y la epidemia de influenza durante la cual un médico americano hirvió los huesos de un mulo que había muerto y le dio la médula para que recuperara las fuerzas y se mantuviera vivo. Tío John respondió: "Mantuve los ojos en Jesús. Quizá podrías decir que tenía vista de túnel: mis ojos estaban concentrados en pocos versículos bíblicos, y los repetía siempre."

Pablo dice: "Por los demás, hermanos, todo lo que es verdadero, todo lo honesto, todo lo justo, todo lo puro, todo lo amable, todo lo que es de buen nombre; si hay virtud alguna, si algo digno de alabanza, en esto pensad (Filipenses 4:8).

Al terminar esta unidad, aun cuando mantenga la estabilidad en su vida, recuerde que el piloto de cualquier barco no puede distraerse por las olas fuertes, sino que debe mantener sus ojos en un punto en la distancia—quizá el faro durante el día o la luz del mismo en la noche. Una forma de mantenerse espiritualmente equilibrado es poner los ojos en Jesucristo, la verdadera luz; y dirigirse hacia adelante, hasta llegar a la marca en la distancia, sin importarle lo que otros hacen o qué tormenta abate su barco. Practique la vista de túnel: centralice su atención en la Luz.

Todo lo que sea
Pablo menciona ocho características o marcas a lo largo de la vista de túnel:

> Comparta con su amiga un pensamiento para cada categoría. Debe ser algo en que ella pueda meditar.

1. **Verdadero.** Uno de los comportamientos que más odiamos es mentir. Cada uno de nosotros ha mentido. Nos reímos ante versos que atacan a los mentirosos, pero muchas veces no tomamos en serio la mentira.

Escoja cuáles de estas cosas son apropiadas:

❏ Fue solamente una mentira blanca. Detesto herir sus sentimientos.
❏ No me gusta ser ruda ni herir a nadie, aunque tenga que estirar la verdad un poquito.

❏ Digo descuidadamente sí, sin pensarlo, y después no me gusta detener la conversación para hacer correcciones porque no fue nada importante.
❏ No pude decirle la verdad a mi padre; tuve miedo. Hubiera empeorado las cosas.
❏ Tuve que mentir para evitar una situación muy penosa. Sí, mentí.
❏ Realmente no mentí, solamente dejé algunos detalles sin mencionar.
❏ Si ella llegó a conclusiones equivocadas, ¿soy por eso culpable?

Aunque las personas clasifiquen sus palabras como "mentiritas blancas" y "mentiras negras," a los ojos de Cristo siguen siendo mentiras. Pablo dejó establecido que debíamos mantener nuestros pensamientos en lo que es verdadero.

Por supuesto, si está ahora condenando algunas mentiras, considere lo siguiente: las personas generalmente mienten por miedo a decir la verdad. ¿Ha intimidado a alguien hasta el punto de que la persona tuvo miedo de decirle la verdad en amor? Pablo también dice que debemos pensar en estas cosas.

2. **Honesto.** Pablo también le anima a mantener sus pensamientos en lo que es correcto y honesto. Cuando nuestra familia fue anfitriona de una despedida de soltera con muchos invitados, tuvimos que pedir prestado tazas extras al banco que nos alquiló el lugar para la recepción. Algunas de esas tazas se rompieron antes de que abriéramos las cajas en que estaban. Si hubiera tenido 18 años no habría pagado por las tazas rotas. Le habría dicho al oficial del banco: "¡No es justo que las pague!" Pero mi tía Alicia, mucho mayor y más sabia que yo, dijo: "Aunque nosotras no las rompimos, debemos mantener un ejemplo de honestidad absoluta; vale la pena pagar el precio de varias tazas para hacer lo que es correcto." Como cristiana tiene que tener cuidado con su fama de persona correcta, y su vista de túnel la mantendrá concentrada en lo que es honesto.

3. **Justo.** Una reacción a su vista de túnel es la sensación de santidad. Poner la mirada en lo que es verdadero, puro y correcto trae una Presencia de santidad al corazón y la mente. A medida que se parezca más a Dios, su conducta comenzará a reflejar santidad y virtud. Mantenerse en estas cosas traerá cosas nuevas a su vida, a medida que crece más cerca de su Rey; no tendrá la piedad falsa sino un cambio genuino de adentro hacia afuera.

Jesucristo fue enviado como el puro Cordero de Dios, sin mancha, para morir por nuestros pecados. El señala hacia el Dios Todopoderoso, el Santo, el Autor de todo lo correcto, Creador de todo lo bueno. Después El dejó su Santo Espíritu para que viviera dentro de usted para ayudarle en cada una de estas áreas. ¡Llámelo!

4. **Puro.** Una gota de líquido rojo para cocinar, al echarla en agua, descolora todo el vaso de agua. Asimismo sucede con la pureza y la

---

entre amigas

Escriba algunas áreas de su vida en las que desearía ser más pura, correcta o santa.

entre amigas

¿A quién va a mirar para buscar ayuda en cada área?

santidad. Nada puede ser 99 por ciento puro; es todo puro o no lo es. Usted y yo debemos concentrarnos en la pureza, arrancando cualquier impureza que trate de vivir en nuestros corazones. Como no puede hacer esto por sí misma, ni yo tampoco, ore para que Dios la limpie, de todos sus pecados y fallas, para ser 100 por ciento pura y limpia.

5. **Amable.** Bueno, ahora parece que vamos de lo sublime a lo ridículo: de lo santo a lo amigable. El primer rasgo parece ser imponente, y el segundo, ordinario. Aunque la mayoría de los cristianos tienen una naturaleza alegre, no la tenían antes de ser cristianos. Después que su primo se convirtió al cristianismo, un niño de mi familia dijo: "¡El brilla de adentro para afuera!" Algunas veces los eruditos bíblicos también incluyen la expresión "amoroso" en la lista de Pablo. Un cristiano radiante es en verdad amoroso, brillando con el brillo de Cristo. Centenares de cristianos naturalmente tímidos se han convertido en ganadores de almas, testificando a extraños en avión, en autobús, en el supermercado o en la playa. Usted se podría convertir en lo que algunos llaman, injuriosamente, "fanático religioso" después de practicar la vista de túnel y buscar un profundo caminar con el Señor. Podrá convertirse en amiga de la persona más indiferente a medida que diariamente viaja con el mejor de sus amigos, Jesucristo.

6. **De buen nombre.** ¿Su madre le dijo alguna vez: "Si no puedes decir algo amable, no digas nada"? ¡La mía lo decía! Ella insistía en que sus hijos hablaran apropiadamente. (Por supuesto, no quisimos hacerlo hasta que cumpliéramos los 35.) En el Estudio 12, hablamos de la moderación, la gentileza de espíritu. Otras palabras que podríamos incluir como apropiadas son "dominio propio," "gentileza," "comportamiento moderado," "admirable," "de buen nombre" (Filipenses 4:8). Cualquier cosa que haga como cristiana debe recomendarse como bueno o apropiado.

7. **Virtud.** El mundo de hoy aprecia la excelencia. Los estudios enseñan que las mujeres no tienen tiempo para las organizaciones de la iglesia, porque eso se considera como perder el tiempo. Ellas esperan excelencia en todas sus actividades y quieren que cada inversión de su tiempo sea de valor. Al margen quizá quiera escribir una lista de algunas pocas actividades que desearía eliminar porque no son de valor eterno.

8. **Digno de alabanza.** Proverbios 31:30 dice: "Engañosa es la gracia, y vana la hermosura; la mujer que teme a Jehová, ésa será alabada." Considere si su vida es digna de ser alabada, no porque desea las alabanzas del mundo, sino porque desea complacer a su Salvador.

Cuando centraliza su atención en Jesucristo y su justicia, el corazón es humillado y cambiado. Su vida se convierte en digna de alabanza.

¡Todo lo que sea!

El sobrino de mi nuera, Parker Littleton, de siete años, entró en la cocina el verano pasado cantando y repitiendo un versículo bíblico aprendido en la Escuela Bíblica de Vacaciones. Cuando le pregunté de qué se trataba, me dijo Filipenses 4:8, repitiendo las palabras con entendimiento y reverencia. Estas palabras, a lo largo de su vida, servirán de marca a través de los años hasta que él se convierta en un hombre de Dios.

El misterio de la transformación: Con la vista de túnel usted puede tener una visión más amplia

He aquí el misterio de la vista de túnel. Mientras más entrecierra los ojos para mirar a Cristo, concentrándose en sus marcas a través del camino, más amplia se irá haciendo su visión del mundo. Verá a la humanidad de una manera nueva y diferente, y no importa qué clase de vida ha vivido anteriormente, usted es transformada en una nueva criatura con una visión piadosa.

entre amigas

unidad 4:

Señor, ¡me asusta ser líder!

Ahora está ya lista para la última unidad.

Posiblemente esta unidad asuste a muchas personas, porque a medida que se estudien estas páginas, Dios les puede llamar a ser líderes. Creo que Dios nos llama a todas nosotras a ser líderes, de una o de otra forma. Algunas serán como siervas tranquilas; otras, dinámicas; otras, coléricas; y otras, determinadas y cuidadosas.

¿No es maravilloso que Dios nos haya hecho lo que somos, y que El nos dé lo que necesitamos para el liderato? A medida que siga las ideas de esta unidad, usted aprenderá cómo:

Vivir con su pasado,
Convertirse en un perro o en una pulga,
Atrapar la mariposa de la felicidad,
Abrir el cofre del tesoro para el futuro y
Encontrar contentamiento.

Nunca podrá hacer estas cosas manteniéndose sin hacer nada. La desafío a que busque la oportunidad de flotar cuando suba la marea. Espero que pueda creer la promesa de que lo puede hacer todo a través de Cristo que la fortalece.

entre amigas

Nombre a personas en su familia que le son buenos ejemplos de conducta.

1. _____
2. _____
3. _____
4. _____

Nombre a personas piadosas que le han servido de mentores (guiándole, animándole, enseñándole).

1. _____
2. _____
3. _____
4. _____

estudio 16
Mono ve, mono hace
FILIPENSES 4:9

El primer día que fui a trabajar como editora de una revista para mujeres, mi supervisora me dijo: "Estoy muy ocupada hoy y no tengo tiempo para entrenarte. Usemos el método del perro y la pulga."

"¿Cómo?" pregunté.

"Salta a mi espalda y sígueme a donde vaya. Obsérvame y haz lo que hago."

Le clavé la vista. "Bueno, no literalmente, por supuesto," me dijo. "Sólo mira por encima de mis hombros lo que hago. Tú sabes: mono ve, mono hace." Tratando de no sentirme insultada (y no muy contenta con ser mona ni pulga), la seguí todo el resto del día mirando sobre su hombro a medida que trabajaba. Pisándole los talones, lentamente aprendí de ella todas las tareas de mi trabajo.

Pablo visitó a los filipenses varias veces (no estamos seguros cuántas veces), y sabemos que él sentó un buen ejemplo. Como el evangelio era nuevo para ellos, estos cristianos necesitaban modelos de comportamiento. Cuando una nueva idea surge entre nosotras, usualmente necesitamos verla en acción. No importa por cuánto tiempo haya sido cristiana, siempre necesitará modelos para su vida cristiana. Usted también servirá de modelo para otros, quiéralo o no.

Pablo dijo a los miembros de la iglesia de Filipos: "Lo que aprendisteis y recibisteis y oísteis y visteis en mí, esto haced; y el Dios de paz estará con vosotros" (Filipenses 4:9).

Haga un alto por un momento y dé gracias a Dios por los buenos ejemplos de fe. Quizá tuvo excelentes padres o mentores cristianos, pero nada puede tomar el lugar de Jesucristo como ejemplo.

Lo que vea en Dios, hágalo

En el Antiguo Testamento, Dios demostró su amor a los patriarcas como Abraham, los líderes como Moisés, los profetas como Isaías, los jueces como Débora y los reyes como David. El Antiguo Testamento presenta la historia de la naturaleza de Dios, la de su pueblo y la forma en que ellos debían relacionarse con El. Dios puso ejemplos de cómo las personas tenían que relacionarse unas con otras. El Nuevo Testamento cuenta la historia de como Dios envió a su único Hijo para mostrarnos a nosotros, en carne y sangre, cómo relacionarnos con El y con los demás. A medida que lea acerca de Jesucristo, encontrará un ejemplo personal de cómo relacionarse con otros en amor. Al meditar en su Palabra le será evidente el significado de su ejemplo de amor y verdad.

Lo que ve en usted misma, ¡hágalo, mujer virtuosa!

En el año 1813 el almirante Oliver Perry envió desde el USS Niágara a William Henry Harrison el mensaje siguiente: "Hemos encontrado al enemigo, y ya son nuestros." En el siglo XX, Pogo, un carácter de una tira cómica, dijo: "Hemos encontrado al enemigo, y somos nosotros." Algunas veces, como lo indica Pogo, nosotros somos nuestro peor enemigo, pero la mayor parte del tiempo los cristianos tenemos más habilidades de las que nos imaginamos. Deténgase un momento y considere sus cualidades como mujer virtuosa que tiene mucho que ofrecer a su Señor. "Mira, pues, ahora, que Jehová te ha elegida para que edifiques casa para el santuario; esfuérzate, y hazla" (1 Crónicas 28:10). Dios edificará su iglesia con personas como usted, los que tienen la fuerza de carácter y habilidad para servir.

He encontrado que la mayoría de las mujeres no se sienten aptas para servirle a El. Primero, sienten que no son suficientemente buenas. Están atadas a los pecados pasados, aunque los mismos hayan sido confesados y Dios los haya perdonado. Segundo, sienten que no han madurado en su fe. Sin embargo, muchas de ellas están llenas de piadosas virtudes como resultado de años de experiencia con el Salvador. Algunas son tan humildes que son incapaces de reconocer estas maravillosas cualidades suyas: ¡la experiencia y la madurez de una mujer de Dios! Tercero, piensan que el servicio es muy difícil para ellas, aunque son expertas para enfrentar asuntos difíciles, como dirigir una casa, cuidar de la familia, trabajar en diferentes variedades de trabajo, gastando energía física, social, intelectual y psicológica en las relaciones más importantes del mundo.

¿Qué acerca de usted? ¿Ha usado alguna vez estas tres excusas para no ser todo lo que Dios quiere que sea? ¿Ha vacilado con temor de aceptar una posición de liderato por las razones siguientes?

1. "No soy suficientemente buena." Escriba algunas cosas que no le ha entregado totalmente a Dios, y se ha olvidado de las mismas. Ore ahora por su misericordia para que le permita olvidar completamente, como El lo ha hecho. Olvídese del pasado. Considere las bendiciones del Altísimo que le dará poder para hacer grandes cosas por El.
2. "No tengo nada que ofrecer." Mientras que la humildad es un buen rasgo en la persona, no sea tan humilde al escribir sus buenas cualidades, y permita que Dios le muestre cómo El las puede usar. Ofrézcale a El ahora lo mejor de su personalidad, posesiones materiales y talentos.
3. "Servir a Dios es difícil para mí." Dios nunca le va a pedir que le sirva a no ser que El le dé el don de servir. El nunca va a violar sus deseos, humillarla o pedirle algo que El no la haya capacitado o dotado para hacerlo. Haga tiempo ahora para someter su vida, sus talentos y sus dones a El. No importa cuán difícil sea la tarea. Entonces observe las increíbles oportunidades que El le presentará.

Jesucristo fue un gran ejemplo para los que vivieron en su tiempo, y nosotros podemos seguir mirándolo a El hoy, pero otros necesitan alguien como usted que les dirija a un más profundo caminar con El. El puede estar llamándola para que dirija en alguna área, pequeña o grande. Niños, jóvenes y adultos quizá estén rogando: "¡Señor, sé que Tú siempre estás conmigo, pero quiero ver a Jesús en forma humana! Envíame alguien que me ayude." Mire a su alrededor y esté alerta a las

---

entre amigas

¿De qué forma es usted fuerte? Escriba tres formas.

"No soy suficientemente buena." (Haga una lista de las cosas negativas que todavía no le ha entregado a Dios.)
1. _____
2. _____
3. _____
4. _____

"No tengo nada que ofrecer." (Haga una lista de las cosas positivas que puede ofrecer a Dios).
1. _____
2. _____
3. _____
4. _____

"El servir a Dios es muy difícil para mí." (Haga una lista de lo que Dios tendrá que suplir para que sirva a El).
1. _____
2. _____
3. _____
4. _____

"santas coincidencias," cuando Dios pone a alguien en su camino o le ofrece oportunidades maravillosas para demostrar su amor.

En palabras y hechos

Colosenses 3:17 dice: "Todo lo que hacéis, sea de palabra o de hecho, hacedlo todo en el nombre del Señor Jesús." Lo mismo si está testificando a su madre, hablando a un grupo de niños en la iglesia o dirigiendo una actividad recreativa en un vecindario pobre, demuestre el amor de Dios en su forma especial, mientras Dios le dirige.

El misterio de la transformación: Palabras transformadas en hechos

El proceso de Dios es un misterio constante. A medida que oramos, nuestros corazones comienzan a formarse conceptos de ministerio para otros. Pensamos en eso, después lo decimos y más tarde lo hacemos. Comience ahora con la fórmula siguiente: *Ore. Piense. Diga. Haga.* Mantenga la comunión con el Señor hasta que le muestre sus oportunidades. Hable con El, y con otros, acerca de las posibilidades. Después haga cualquier cosa que El le pida. El resultado será paz. ¡Su corazón será transformado de perplejidad a paz, de indecisión a cooperación, de misterio a movimiento, de tímida a precoz! "Y el Dios de paz estará con vosotros" (Filipenses 4:9*b*). Amén.

estudio 17
Oportunidades perdidas: No vacile
FILIPENSES 4:10

Uno de mis estudiantes, Joey McNeill, terminó la universidad y el seminario y trabajó los veranos en un centro de retiro cristiano en una playa de Carolina del Sur, cerca de Grand Strand. Un día iba corriendo por la playa y sintió que Dios quería hablarle. El joven detuvo su carrera inmediatamente y se sentó en uno de los rompeolas negros que sobresalían del agua. "Bien, Señor, ¿qué quieres decirme?"

El afirma que sintió que Dios le dijo: *Joey, ¿qué piensas de Darlene?*

¿Darlene? Joey pensó sobre ese nombre. No la había visto en dos años, pero había estado muy cerca de ella en los años de la universidad. "Bueno, Señor, siempre pensé que ella era la muchacha de mi vida. Ella es una buena cristiana, y disfruté de su compañía ...no he pensado mucho en eso."

"Tú crees que ella es buena cristiana, y piensas que sería una buena compañera para ti. Bien, ¿no crees que es tiempo de que hagas algo sobre eso?"

"¡Sí, Señor, lo es! ... Yo la amo, siempre la he amado. ¡Es tiempo de hacer algo!" Joey llamó a Darlene ese día, le propuso matrimonio la semana siguiente, y se casó con ella algunos meses después. Hoy Joey y Darlene sirven juntos en Virginia. El es pastor en una iglesia que está creciendo, y Darlene trabaja en la comunidad con personas incapacitadas para aprender. La firmeza de su matrimonio, sus dos hijos adolescentes y sus ministerios son el resultado de la oportunidad que tomó Joey de lo que Dios le ofreció.

¿Dios le está ofreciendo algo en este momento? Shakespeare dijo que tenemos que tomar la oportunidad que se nos presente. ¡Cuándo la marea sube, tenemos que navegar! Quizá nunca suba otra vez lo suficiente como para soportar un buen viaje (*Julio César*, IV, ii).

Pablo dijo: "En gran manera me gocé en el Señor de que ya al fin habéis revivido vuestro cuidado de mí; de lo cual también estabais solícitos, pero os faltaba la oportunidad" (Filipenses 4:10). Una traducción de la *Contemporary English Version* (Versión Contemporánea en Inglés) dice: "Realmente ustedes estaban pensando en mí todo el tiempo, pero no tuvieron oportunidad de mostrarlo." Pablo estaba agradecido por los regalos y el cuidado que los filipenses le habían dado en Roma. Sabía que hubieran hecho más por él, pero por las grandes distancias y los medios de comunicación en esos días, no tuvieron la oportunidad que tenemos nosotros hoy. Perdieron la comunicación con él, y quizá dudaron si todavía estaría vivo. Ahora él se regocijaba grandemente (aquí está el tema de gozo otra vez) de que ellos hubieran renovado su preocupación por él.

Vivir con remordimiento

Pablo habló en términos positivos, pero aludió a lo negativo. Shakespeare aludió a lo negativo: Si dejan pasar la oportunidad que lleva a las cosas buenas, entonces "olvídenlo, porque todas las travesías de vuestra vida estarán confinadas en sombra y miseria." Es fácil que alguno se prenda en poca agua: se queda estancado en el lodo. Puede sentirse miserable cuando deja pasar una oportunidad y después le pesa el resto de su vida. A muchos les han pesado los "*Qué si ...?*" de su vida. ¿*Qué si* hubiera aceptado ese trabajo? ¿*Qué si* me hubiera ido de la ciudad cuando tenía 21 años? ¿*Qué si* mi madre no hubiera muerto? ¿*Qué si* ...?

Falta de oportunidad

Como los filipenses, ¿usted no ha tenido "oportunidad de mostrarlo"? Es decir ¿sus dones? ¿su amor? ¿sus habilidades de liderato? ¿En qué desea tener una oportunidad de demostrarlo, pero esa oportunidad nunca le ha llegado?

---

entre amigas

Escriba algunos de sus frases "Si yo hubiera ..."

entre amigas

¿Cómo se siente por esa falta de oportunidad?

¿Qué podría hacer ahora acerca de esas oportunidades?

Vivir con el pasado

Alfred Lord Tennyson escribió acerca de Ulises, quien malgastó "lágrimas de ocio" por pensar en el pasado. Usted puede haber llorado lágrimas de ocio, no solamente sobre las oportunidades perdidas, sino también sobre otros remordimientos de su pasado. Quizá sus remordimientos sean sobre cosas que hizo, no de cosas que hubiera querido hacer.

Puede pensar que está pasando mucho tiempo con remordimientos sobre el pasado; no ha hecho las paces con quienes les ha herido. Si es así, debería buscar consejería profesional; hable con su compañera de oración, o encuentre en su iglesia o comunidad el llamado "programa de doce pasos" que le ayudará a olvidar. Mientras busque ayuda, no se desespere. Dios le ama y se preocupa por ese dolor profundo. ¡Usted puede tener esperanza en El!

¿Qué remordimientos tiene de su pasado?

¿Cómo podrían haber sido diferentes las cosas?

¿Qué puede hacer ahora sobre eso?

Sin Cristo, no hay poder/Con Cristo, hay poder

La Biblia tiene mucho que decir acerca de oportunidades. En el famoso capítulo de "Por la fe," el escritor de Hebreos 11 presenta una lista de muchas personas que aprovecharon las oportunidades porque tenían fe. Abraham se mudó a miles de millas de distancia para reclamar la promesa que Dios le había ofrecido. (Lea en Hebreos 11:1–34 una lista completa de héroes y heroínas de la fe.) "Conforme a la fe murieron todos estos sin haber recibido lo prometido, sino mirándolo de lejos, y creyéndolo, y saludándolo, y confesando que eran extranjeros y peregrinos sobre la tierra. ... Pues, si hubiesen estado pensando en aquella [patria] de donde salieron, ciertamente tenían tiempo de volver. Pero anhelaban una mejor, esto es, celestial; por lo cual Dios no se avergüenza de llamarse Dios de ellos; porque les ha preparado una ciudad" (Hebreos 11:13, 15–16).

• En la Escritura arriba, ¿cómo estaban viviendo esas personas hasta que murieron?
Por _____.

• ¿Qué les hubiera dado Dios si hubieran mirado al pasado?
_____.

• Ellos hubieran tenido que _____ a _____.

• En vez de eso, estas personas de fe estaban deseando un país
_____, uno _____.

88

- ¿Cómo les premió Dios por vivir por fe?

entre amigas

Cuando usted tiene Jesucristo en el corazón, tiene el poder de su Espíritu Santo. A través de la fe en El, a medida que crece en El y le conoce, encontrará valor y poder increíble para servirle.

Suba a la ola; se está levantando otra vez

Porque Dios le permite escoger, puede mirar hacia atrás y vivir en el pasado (el país que dejó). Como persona que tiene fe, mirará hacia el futuro. Confíe en Dios para que tenga coraje para aceptar las oportunidades que El le dé. Pablo dice: "Así que, según tengamos oportunidad, hagamos bien a todos" (Gálatas 6:10a). Las personas que tienen hambre necesitan comida; los enfermos necesitan cuidado; los que sufren necesitan el toque de una mano bondadosa; y los tristes necesitan ánimo. ¿Qué tiene usted para ofrecer?

Haga un círculo alrededor de las cosas que puede hacer: sonreír, trabajar en un refugio, orar, enviar una nota por el correo electrónico, leer una historia, enseñar a alguien a leer, escribir una carta por alguien que no puede escribir, sentarse al lado de la cama de un enfermo, hablarle a una persona no amable, leerle la Biblia a otra persona, prestar servicio voluntario, escribir a máquina, cocinar, coser, hacer una llamada, proveer luces, proveer un hogar para alguien, proveer transporte, dar dinero, cuidar a niños, compartir su tiempo, cantar, tocar un instrumento musical, plantar flores, compartir comida, enseñar, decir chistes, jugar juegos de mesa, servir de guía, aconsejar, escuchar, hacer drama, otro: _____.

Jesucristo dijo: "Ninguno que poniendo su mano en el arado mira hacia atrás, es apto para el reino de Dios" (Lucas 9:62). Mi abuela siempre decía: "Ni la ola ni el tiempo esperan al hombre." ¡Suba a la ola! ¡Mida el día! ¡Que florezca lo que ha sido plantado! Cualquier dicho que diga para describirlo, use los momentos que tiene antes que se acaben. No vacile ni pierda tiempo; haga todo lo que Dios le da la oportunidad para hacer en fe, ¡pero hágalo ahora!

El misterio de la transformación: Ni pasado, ni presente, ni futuro

Un profesor enseñó en nuestra clase que nosotros no teníamos pasado, presente, ni futuro. Primero él preguntó: "¿Dónde está el pasado?" Admitimos que se había ido. "¿Dónde está el futuro?" Reconocimos que se había ido, también, por el momento; por lo menos en este momento no existe. Entonces agregó: "Muéstrenme el presente."

"Ahora," respondimos, pero él nos demostró que para el tiempo que decíamos "ahora," el presente ya se había ido.

Ahora he aquí el misterio: el pasado se ha ido. ¡Olvídelo! El presente se ha ido para el tiempo en que lo reconoce. Sin embargo, Dios transforma el futuro cuando mira hacia El mismo. ¡Aproveche las oportunidades de El! ¡Aleluya!

entre amigas

estudio 18

Estar contento o no estarlo: Eso es la cuestión
FILIPENSES 4:11-12

En nuestra familia nos reímos de un viejo dicho: "Yo no limpio ventanas." (Lo hacemos, por supuesto, pero no somos expertos. Sólo mi hijo puede limpiar ventanas o espejos sin dejar marcas.) Muchas personas se ganan la vida limpiando ventanas. Una vez alguien habló en nuestra iglesia en Carolina del Sur, acerca de oportunidades que Dios provee, y que a veces no las recibimos muy contentos. Durante la Guerra de Corea este señor quería hacer algo noble en el ejército, pero siempre lo ponían a trabajar "limpiando el área": recogiendo basura, lavando ventanas. Cada día los compañeros salían del lugar en expediciones dejándolo a él atrás para que cuidara el lugar. El se sintió aburrido y cansado de limpiar ventanas, una tarea que acaba con la espalda. Mientras que otros volaban aviones y regresaban como héroes, y otros hacían maniobras y eran condecorados con Medallas de Honor del Congreso, él estaba ocupado limpiando ventanas. Después de la guerra, unos encontraron trabajo como pilotos de líneas aéreas comerciales, programadores de computadoras o líderes de grandes compañías, pero a él le fue difícil conseguir trabajo. Los posibles empleadores le preguntaban: "¿Qué hizo en el ejército?" y él respondía: "Limpiaba ventanas."

Finalmente, un día, después de solicitar varios trabajos, miró hacia arriba. Todos los edificios de la ciudad tenían ventanas, centenares de ventanas. Estableció un negocio de limpiar ventanas y rápidamente se hizo millonario. El nos dijo que Dios tiene un plan para cada persona. Debemos estar contentos con lo que El nos dé. Esas cosas nos preparan y dirigen para realizar sus planes. Pero necesitamos mirar hacia arriba para encontrarlos.

Deseos versus necesidades

Si sirve con coraje en dirigir a otros a estar más cerca del Señor, quizá todavía no entienda el plan de Dios. Primero, considere sus necesidades en su lugar de servicio especial. Complete la lista al margen.

Ahora considere esto: ¿Escribió en la lista aire, comida y agua, los tres elementos esenciales para la vida?

Algunas veces tomamos lo básico por sentado. Mire de nuevo su lista de cosas básicas

¿Podría vivir sin algunas de ellas? ¿Cuáles?

¿Qué estaría dispuesto a dejar por Cristo?

Escriba cinco necesidades esenciales para usted ahora.
1. _____
2. _____
3. _____
4. _____
5. _____

"Despojémonos de todo peso y del pecado que nos asedia, y corramos con paciencia la carrera que tenemos por delante" (Hebreos 12:1). ¿Estaría dispuesta a soltar algunas ataduras de su vida para entrar en sus planes?

Pablo tuvo algunas pocas comodidades, aun sabiendo que él vivía en Roma en una casa alquilada en vez de un calabozo. (Los eruditos bíblicos no están de acuerdo sobre las condiciones de Pablo en la prisión.) Pablo probablemente estaba encadenado a un guardia y tenía que soportar incomodidades y abusos diariamente. Sin embargo, él dijo: "No lo digo porque tenga escasez, pues he aprendido a contentarme, cualquiera que sea mi situación" (Filipenses 4:11). ¡Qué declaración! Conozco a pocas personas que están totalmente satisfechas. En verdad conozco algunas que no están felices si no se sienten miserables. (Vamos … admítalo. ¿No conoce a nadie así?)

Cambiar papeles

Pablo comienza en Filipenses 4:12 una serie de contrastes: "Sé vivir humildemente, y sé tener abundancia; en todo y por todo estoy enseñado, así para estar saciado como para tener hambre, así para tener abundancia como para padecer necesidad" (Filipenses 4:12). Nómbrelos abajo.

Contrastes:

_____ / _____

_____ / _____

_____ / _____

Cuando Pablo era un judío erudito de alto rango, perseguía a los cristianos. Parecía un hombre sin corazón. Demostraba su celo religioso por matar a personas. ¿Piensa que tuvo o poseyó mucho?
❏ Sí ❏ No

¿Qué significa para usted "mucho"?

¿Cuáles fueron los posibles motivos que tuvo Pablo para actuar en la forma que lo hizo, cuando era un líder judío de alto rango?

¿Cómo cambió Pablo a través de los años?

¿Qué le enseñó su propia persecución?

¿Qué deberá motivar a los líderes cristianos hoy en día?

---

entre amigas

Escriba cosas no esenciales para usted ahora.

1. _____

2. _____

3. _____

4. _____

5. _____

¿Cuáles de estos contrastes la describen a usted?

entre amigas

En este momento tengo muy poco _____.

En este momento tengo mucho _____.

Sólo por Ti, Cristo

Bárbara Joiner contó de un viaje misionero que hizo con algunas adolescentes. Fueron a un campo de obreros migratorios y encontraron a una madre enferma en la cama con un pequeño también afiebrado. Varios niños pequeños jugaban en el cuarto, que no se había limpiado en varios días. Bárbara les pidió a las adolescentes que comenzaran a ayudar. Algunas contaron historias de la Biblia a los niños mayores; otras cambiaron pañales; otras barrieron. Bárbara le pidió a una de las adolescentes que limpiara los platos, que estaban apilados en el fregadero (lavaplatos), en agua sucia y grasosa. Esta jovencita vivía en una casa muy limpia, y nunca había visto un fregadero así. Mientras Bárbara mecía al bebé, vio la mueca que hacía la muchacha cuando metía las manos limpias en el agua sucia para destapar el fregadero. La muchacha dijo: "Solamente por Ti, Cristo. Solamente por Ti."

¿Podría decir que ha estado dispuesta a dirigir a otros sin importarle las circunstancias, solamente por El? ¿Es su motivación siempre "por El"? Como Pablo, ¿se ha sentido contenta en la pobreza, aun padeciendo hambre, si es un sacrificio por El? ¿Se siente contenta con Jesucristo aun cuando tenga poco?

¿Qué puedo hacer y cómo?

Una parte de ser una mujer piadosa consiste en entregar su poder a Cristo. Considere estas dos áreas de poder que puede entregarle a El: el conocimiento y la experiencia.

1. El conocimiento es poder.
Considere lo que tiene que entregar por causa de Cristo ¿Qué conocimiento puede compartir acerca de la Escritura, la vida familiar u otras áreas?

Señor, te ofrezco estas áreas de mi conocimiento:

2. La experiencia es poder.
Ahora considere las experiencias que tiene que entregar por la causa de Cristo. "Hermanos míos, tened por sumo gozo cuando os halléis en diversas pruebas" (Santiago 1:2). ¿Qué experiencia, buena o mala, compartiría con otros para ayudarles a madurar espiritualmente?

Señor, te ofrezco las siguientes experiencias. Por favor, úsalas para ayudar a otros:

El misterio de la transformación:
El contentamiento crece cuando lo compartimos

Igual que la felicidad, el contentamiento es tan escurridizo como una mariposa. Lo puede perseguir siempre pero nunca agarrarlo. Sin embargo, cuando menos lo espera, cuando ha olvidado agarrarlo, cuando se encuentre ocupado ayudando a otros por la causa de Cristo, entonces el contentamiento alumbra su vida.

estudio 19
Todo lo puedo
FILIPENSES 4:13

¡Al fin hemos llegado al estudio que contiene mi versículo favorito! He estado esperando a través de todos los estudios para llegar a esta página en el estudio de la Biblia. Pablo dice: "Todo lo puedo en Cristo que me fortalece" (Filipenses 4:13). Cuando era niña memoricé este versículo de la manera siguiente: "Puedo hacer todas las cosas en Cristo que me fortalece." ¿Ha recibido alguna vez una palabra de Dios que le ha hecho sonreír? Este versículo me ha hecho sonreír. Me sonrío cuando pienso en El, al manejar. Me sonrío cuando otros choferes se me interponen en mi camino, se detienen de repente o van despacio haciéndome perder la luz verde. Hablando como persona de pocas fuerzas, me alegro con un Dios poderoso que comparte su fortaleza conmigo.

"Todo" es demasiado
Comoquiera que traduzca este versículo, ya sea "todo" o "todas las cosas," el concepto es mucho. ¿Puede creer a Pablo cuando dice que todo lo podía en Cristo? Oh, Pablo, usted está llevando la cosa muy lejos, ¿no es verdad?

Pero mire otra vez el versículo. ¿Cuáles son cuatro palabras claves que hacen que este concepto sea posible? _____ _____ _____ _____

¿Qué piensa que significa hacerlo todo a través de Cristo?

Si puede creer que usted, como Pablo, puede hacer todas las cosas a través de Cristo, entonces ¿qué puede limitarle?

Mi futuro está limitado solamente por mi reloj y mi calendario
Hace algunos años mi trabajo requería que todos los supervisores fueran a un retiro de mujeres donde la líder nos pedía que lleváramos nuestros calendarios. En la sesión de apertura ella nos pidió que fuéramos afuera, nos sentáramos debajo de un árbol y oráramos, y después ofreciéramos nuestros calendarios a Dios. Ella nos pidió que quitáramos cualquier asignación o cita que El nos mandara a borrar. ¡No pude esperar! Sabía que mi calendario estaba muy lleno. Nunca había entendido completamente esas "oportunidades de servicio," y no

entre amigas

¿Ha memorizado este versículo? Escríbalo en la forma en que lo aprendió.

Pruebe este ejercicio con su calendario, como está descrito en el párrafo al lado.

podía esperar para quitármelas. Para mi sorpresa, no quité ninguna. Al levantar mi calendario ofreciéndoselo a Dios, El puso entusiasmo en el corazón por cada asignación en el calendario. El aun añadió una cosa más que necesitaba hacer en aquel año.

Ofrézcale hoy su calendario a Dios. Pídale que le muestre qué cosa puede añadir y qué quitar. Ofrézcale su tiempo. Pídale que le bendiga cada minuto, hora y día. Pídale que estire su tiempo, dándole las prioridades que necesita para planear.

Si puedo hacer todas las cosas, ¿cuáles escogeré?

Ahora aquí está la buena parte de planificar el calendario de actividades para el Dios Todopoderoso, quien dice que usted lo puede hacer todo a través de El: ¡tiene que escoger! ¡El le ha dado libre albedrío! Y puede reconocer las prioridades en su vida. Puede escoger mirar televisión, leer una novela o cometer adulterio con el cónyuge de su vecina. O por el contrario puede orar, leer la Biblia o darle su comida a personas hambrientas en su comunidad en una cocina ambulante. ¿Cuál es su visión?

Abrir el cofre del tesoro

Repasemos Colosenses 2:2–3: "para que sean consolados sus corazones, unidos en amor, hasta alcanzar todas las riquezas de pleno entendimiento, a fin de conocer el misterio de Dios el Padre, y de Cristo, en quien están escondidos todos los tesoros de la sabiduría y del conocimiento." ¡Qué maravilloso propósito tenía Pablo! El quería que los lectores sintieran ánimo en el corazón y se unieran con otros cristianos en amor. Quería que estuvieran llenos de riquezas espirituales. "Y te daré los tesoros escondidos, y los secretos muy guardados, para que sepas que yo soy Jehová, el Dios de Israel, que te pongo nombre" (Isaías 45:3).

Abajo, escriba su nombre en los espacios en blanco. Después léalos en voz alta.

Yo, el Señor, te notifico, _____, por nombre. Quiero que

tengas toda Mi riqueza espiritual, querida _____. Ten

ánimo. Únete con otros cristianos para servirme a Mí, y Yo te daré,

_____, los tesoros guardados en lugares secretos, para que

tú puedas conocer que Yo soy tu Dios.

Note las tres palabras en Colosenses 2 que tienen que ver con *conocimiento, pensamiento, planeamiento*.

1. **Conocimiento:** Dios quiere que use su mente para descubrir verdades.

2. **Entendimiento:** El quiere que comprenda, sabiendo el por qué.
3. **Sabiduría:** El quiere que tenga la capacidad de escoger bien.

Cuando Pablo estaba en Filipos, decidió ir a Jerusalén. Los filipenses le pidieron que no fuera. Basaron su decisión en que Pablo tenía muchos enemigos en Jerusalén. Pablo oró. Adquirió entendimiento. Dios le dejó ver que debía ir, y él fue. El fue y lo arrestaron, y el trabajo del más grande misionero llegó al final. Al final murió, pero Dios trabajó a través de él en Roma, una ciudad estratégica. En los años siguientes, el Imperio Romano extendió el cristianismo por todo el mundo. Si usted es cristiana, es heredera de esa fuerte iglesia de Roma que sobrevivió, mantuvo viva las Escrituras y todavía existe. Si los filipenses hubieran podido entrever la sabiduría en la decisión de Pablo, hubieran dicho: "¡Adelante, Pablo!" Entonces hubieran mirado arriba y dicho: "¡Sólo por Ti, Jesucristo, sólo por Ti!"

Cosas en el desván

Cuando Pablo mencionó "todo" (Filipenses 4:13), ¿pensó él en mi lista de quehaceres? Quizá a medida que estudie este versículo, pueda pensar que no puede hacerlo todo a través de El, hasta que quite algunas cosas que están en su lista. ¿Tiene cosas escondidas en su desván, las cuales debe sacar? Rebúsquelas. Después arrastre fuera de su vida las cosas que pensó de dejar por Cristo, pero que nunca ha tenido el tiempo para hacerlo. Tráigalas al frente. Pídale a Dios que le dé el conocimiento, el entendimiento y la sabiduría para planear bien.

El misterio de la transformación: Jesucristo es el Cofre de "todos los tesoros"

Dedique tiempo en este momento para alabar a Dios por su Hijo Jesucristo, el cofre de los tesoros escondidos: el conocimiento, el entendimiento y la sabiduría. Aunque no entiende el misterio, pídale a El discernimiento mientras El transforma su calendario y su tiempo, dándole el poder de sentar prioridades y hacer todas las cosas que pensaba que nunca podría hacer.

estudio 20
Habilidad de comunicación
FILIPENSES 4:14-15

Me acababa de mudar a un pequeño apartamento de un solo dormitorio en una ciudad grande, en un vecindario que no conocía. Mejor dicho, no conocía a nadie en el estado. Fui a la iglesia el primer domingo y conocí a Sue, una joven muy amigable. Ella me visitó varias veces, y yo fui a su casa y conocí a sus padres. Le dije que era viuda y había dejado a mis hijos, de edad universitaria, en el estado

entre amigas

donde vivía anteriormente a fin de aceptar una posición de ministerio en la nueva ciudad.

Los primeros años fueron difíciles. Había aceptado un salario que representaba la tercera parte del que tenía como maestra; pero había decidido seguir a Jesucristo, sin ningún otro amigo, viniendo a este lugar, y me sentía segura de que El me estaba dirigiendo. Un día, cerca de Navidad, me tocaron a la puerta y fui a abrirla. Sue estaba allí señalando un sobre pegado a la puerta. Lo abrí y encontré adentro $50. "¿De dónde viene ese dinero?" me preguntó. "No tengo la menor idea," le contesté.

Cuatro años más tarde mi hija se casó. Los gastos fueron más que lo que esperábamos. Después de orar acerca de esto, fui a ver a Sue y le pedí un préstamo. Me lo dio inmediatamente, y cuando le pregunté cómo podría pagárselo, me hizo recordar las palabras del Señor en Lucas: "Y si prestáis a aquellos de quienes esperáis recibir, ¿qué mérito tenéis? … prestar no esperando de ello nada" (Lucas 6:34a, 35a). Agregó: "Creo que Dios te envió a mí. Te he dado todo lo que tengo en mi cuenta bancaria. Creo también que es lo correcto. No me lo devuelvas." Hizo una pausa y sonrió. "Bueno, si Dios te bendice y tienes esa cantidad de dinero sobrante alguna vez, entonces devuélvemelo, pero no me lo des en pagos parciales, ni te sientas culpable porque me lo debes. Eso destruiría nuestra amistad en Cristo. No estoy esperando que me lo devuelvas. Creo lo que dice la Palabra de Dios: 'El hombre de bien tiene misericordia y presta; gobierna sus asuntos con juicio' " (Salmo 112:5).

Años después, cuando me había mudado de aquella ciudad a California y más tarde regresado al Sur, Dios permitió que mi camino se cruzara otra vez con Sue. Ella generosamente me dejó permanecer en su hermosa casa por varios años mientras ella tenía que viajar alrededor del país. Ella hizo posible que yo pudiera hacer el ministerio al cual Dios me había llamado, y lo hizo con espíritu generoso.

¡Qué gozo es tener una amiga como Sue! Dios me ha bendecido de muchas maneras permitiendo nuestra amistad, sin mencionar la de su querida madre, Juanita, ahora también viuda.

Pablo había acabado de decir que él podía vivir independientemente, ganando algún dinero, mientras aprendía a vivir contento en "abundancia" o sufriendo en lo poco. Pablo podía hacerlo todo en Cristo. Pienso que él hizo una pausa después que escribió esto y pensó: *¡Ahora, espera un momento, no soy tan independiente! ¡Necesito de otras personas y no quiero perder mis buenos amigos!* Entonces escribió a los filipenses, los que le enviaron comida y dinero. "Sin embargo, bien hicisteis en participar conmigo en mi tribulación" (Filipenses 4:14). La Versión del Rey James en inglés traduce Filipenses 4:14 de la siguiente manera: "se comunicaron con mis tribulaciones." ¡Qué forma de comunicarse! Muchas personas en necesidades no pueden escuchar el mensaje del evangelio con el estómago vacío. Hasta que usted se ocupe de estas necesidades básicas, no les podrá comunicar quién es Jesucristo. Cuando vean su preocupación por alimentarles, los ojos y los oídos estarán abiertos para observar su testimonio cristiano.

Revisemos lo que aprendimos al principio en este estudio de Filipenses: Pablo hizo su primer viaje misionero a través de Filipos (una ciudad de Macedonia, hoy Turquía), estableciendo una iglesia allí. Cuando más tarde partió de allí para seguir extendiendo el evangelio, dejó a muchos amigos en Filipos que se preocuparon mucho por él. Cuando les llegó la noticia de que él estaba prisionero en Roma, fueron unos de los pocos grupos que le ministraron en todas sus necesidades, enviándole no solamente comida, dinero y quizá alguna ropa, sino también a Epafrodito, un compañero que ministraba a Pablo. Hasta que se enfermó y tuvo que regresar a Filipos, Epafrodito sirvió a Pablo. Trajo cosas materiales para hacer que las necesidades de Pablo fueran más confortables.

En esta Escritura, Pablo recuerda cómo dejó a Filipos por primera vez: "Y sabéis también vosotros, oh filipenses, que al principio de la predicación del evangelio, cuando partí de Macedonia, ninguna iglesia participó conmigo en razón de dar y recibir, sino vosotros solos" (Filipenses 4:15).

Mencione cómo ministraron los filipenses para las necesidades de Pablo. Ellos enviaron:

1.

2.

3.

4.

¿Escribió en su lista comida, dinero, ropa, un sirviente y amigo, palabras amables, una nota u otras cosas? Puede recordar cuando alguien contribuyó para sus necesidades. ¿Cómo le ayudó?

En el versículo 15 Pablo habla de que nadie "participó _____ en razón de _____ y _____." ¿Qué piensa que los filipenses recibieron de Pablo?

Pablo comunicó el mayor regalo, el mensaje del evangelio: que Jesucristo murió en sacrificio por sus pecados y que como había resucitado para vivir para siempre, ellos resucitarían también con El en sus corazones. ¡Qué regalo tan maravilloso les dio: palabras vivientes!

Las palabras dichas no pueden ser recogidas

Puede usted sentirse triste o inadecuada porque no puede darles a otros regalos costosos. Sin embargo, como Pablo, puede dar ánimo y palabras de aliento. ¿Qué palabras ha comunicado últimamente, o quizá hoy?

¿Hubiera deseado hoy haber mantenido la boca cerrada? Usted tiene dentro el poder para hablar palabras positivas. Ellas hacen una diferencia en la vida de otros. Pablo dio palabras de bendición y

---

entre amigas

¿Ha tenido alguna vez una amiga que en tiempo de dificultades haya compartido con usted lo que tenía? ❑ Sí ❑ No

¿Cómo compartió él o ella con usted tanto en la alegría como en la tristeza?

Hoy deles a dos personas palabras de ánimo. Dígale a su compañera de estudio cuáles fueron esas palabras.

ánimo, aun cuando no tenía dinero para dar. En otro incidente con un hombre inválido, Pedro resumió la actitud de Pablo: "Ni oro ni plata tengo, mas lo que tengo te doy" (Hechos 3:6). Decida ahora cuáles son los dones o el tipo de palabras que puedes compartir con otros para animarles.

Bien hecho: Afirmación

Mire de nuevo el versículo 15. Pablo dice: "Ninguna iglesia compartió conmigo en razón de dar o recibir, sino vosotros solos." Estas palabras de Pablo son de ánimo y afirmación.

Por otras palabras en este versículo usted pudo aprender que cuando los filipenses compartieron tan generosamente con Pablo, ellos no eran cristianos maduros.

Usted no tiene que ser una cristiana perfecta y madura para ayudar a otros con los dones que Dios le ha dado. En cualquier etapa de su madurez, use lo que El le ha dado.

El misterio de la transformación: La comunicación de Jesucristo es milagrosa

Trate de hacer este ejercicio ahora: Comunique su gozo a una amiga sin decir una palabra. Puede hacerlo en silencio usando el lenguaje del cuerpo. Jesucristo se comunica algunas veces con nosotros en el silencio. Tómese unos minutos para escucharle en el silencio. Más tarde practique diariamente escuchar en silencio y después dele gracias por su milagro de comunicación a través de su apacible voz (1 Reyes 19:12) a medida que El transforma su corazón en la quietud.

apéndice:

Nota especial para Superación Integral para la Mujer

(Christian Women's Job Corps®, antes llamado en español el Cuerpo Cristiano de Trabajo para Mujeres)

Muchísimas mujeres nunca han trabajado fuera del hogar y no tienen ni las habilidades ni las destrezas para hacerlo. Durante la mayor parte de su vida han recibido del gobierno estadounidense estampillas para la comida, cuotas mensuales para el sostenimiento de los hijos y ayuda médica. En los últimos cinco años el gobierno ha disminuido la ayuda, y muchas familias han sufrido porque no tienen un buen empleo para sostener a sus hijos.

La Superación Integral para la Mujer, anteriormente conocida como el Cuerpo Cristiano de Trabajo para Mujeres, es un ministerio de la Unión Femenil Misionera. El propósito de este ministerio es proveer un contexto cristiano en el cual las mujeres necesitadas están capacitadas para la vida y para conseguir empleos adecuados y un contexto misionero en que las mujeres puedan ayudar a otras mujeres. Se ayuda a una mujer a la vez, dándole esperanza para un futuro mejor, a través del ministerio de Superación Integral para la Mujer. Las mujeres cristianas tienen la oportunidad de ministrar y testificar en un contexto de la obra misionera al orar por este ministerio, dar una ofrenda para sostenerlo y/o servir como voluntarias.

Su texto bíblico lema es Jeremías 29:11–13:

> "Porque yo sé los pensamientos que tengo acerca de vosotros, dice Jehová, pensamientos de paz, y no de mal, para daros el fin que esperáis. Entonces me invocaréis, y vendréis y oraréis a mí, y yo os oiré; y me buscaréis, y me hallaréis, porque me buscaréis de todo vuestro corazón."

Cada centro del ministerio es distinto. Sin embargo, cada programa está fundado en los ocho elementos básicos: un concilio, el estudio bíblico, entrenamiento para la coordinadora del centro, pactos, evaluación, mentoras, asesoramiento de necesidades y una red de comunicaciones.

Hay centros de Superación Integral para la Mujer en toda la nación. Muchos estados tienen por lo menos un centro, mientras otros tienen 20 o más. Se están desarrollando centros internacionales también.

Los ministerios de Superación Integral para la Mujer funcionan durante todo el año. Las estudiantes y sus mentoras se reúnen a menudo. Algunos de los centros planean actividades especiales en el verano para las estudiantes y sus familias.

Las voluntarias (y voluntarios en algunos casos) que trabajan en el ministerio ayudan a las aprendizas a encontrar la esperanza en la persona de Jesucristo. En la mayoría de las ciudades donde existe este ministerio, se dan clases de diez semanas, de lunes a viernes, de 9:00 a.m. a 3:00 p.m. En esas clases estudian la Biblia, desarrollo personal, cultura, lectura/ortografía/matemáticas, asuntos financieros, comunicación, cuidado de los niños, salud y nutrición, carreras profesionales y computación.

Cada mentora ayuda a una "aprendiza." Se compromete a dar por lo menos una hora semanal de su tiempo por dos años. Ella le anima a su aprendiza, le motiva, estudia la Biblia con ella, y ora con ella y por ella. Ser mentora es un ministerio único, y la mentora tiene una gran responsabilidad al guiar a la aprendiza en el camino hacia Dios y en el cambio más drástico que esa aprendiza haya experimentado en su vida.

Hay una gran cantidad de testimonios hermosos de cómo Dios ha creado una amistad entre mentora y aprendiza. Muchas mujeres han aceptado a Cristo como su Salvador y Señor después de haber escuchado la verdad de la Biblia. Como resultado, sus familiares han visto el gran cambio, y ellos también han confiado en Jesucristo.

La mentoría es de suma importancia en este ministerio. La mentora sirve como maestra, animadora, entrenadora y motivadora. La mayoría de las estudiantes no tienen confianza en ningún adulto, porque les han dado consejos malos y erróneos. Necesitan alguien en quien confiar, a quien contarle sus penas, preocupaciones, necesidades, sueños, problemas, deseos, errores, anhelos, metas y todo lo relacionado con su pasado.

Hay ex-prisioneras, ex-prostitutas, ex-drogadictas y ex-alcohólicas que han sido cambiadas por la sangre preciosa de Jesucristo, y hoy están trabajando y proveyendo tanto económica como espiritualmente para sus hijos.

El Antiguo Testamento cuenta muchas maneras en que ayudar a las personas necesitadas. También el Nuevo Testamento, si estudiamos la vida de Cristo y la manera en que El ayudó a los necesitados, nos da el desafío de seguir su ejemplo. El dijo, en Mateo 25:34–40:

"Venid, benditos de mi Padre, heredad el reino preparado para vosotros desde la fundación del mundo. Porque tuve hambre, y me disteis de comer; tuve sed, y me disteis de beber; fui forastero, y me recogisteis; estuve desnudo, y me cubristeis; enfermo, y me visitasteis; en la cárcel, y vinisteis a mí. Entonces los justos le responderán diciendo: Señor, ¿cuándo te vimos hambriento, y te sustentamos, o sediento, y te dimos de beber? ¿Y cuándo te vimos forastero, y te recogimos, o desnudo, y te cubrimos? ¿O cuándo te vimos enfermo, o en la cárcel, y vinimos a ti? Y respondiendo el Rey, les dirá: De cierto os digo que en cuanto lo hicisteis a uno de estos mis hermanos más pequeños, a mí lo hicisteis."

Ayudar a otras personas es una bendición extraordinaria. Todos los que tienen parte en este ministerio dicen lo mismo: La experiencia ha cambiado su vida totalmente.

—*Diana García* *ha servido como directora de un sitio del Cuerpo Cristiano de Trabajo para Mujeres y como consultora nacional de la UFM para grupos étnicos, culturales y de idiomas. Ahora sirve en un programa de capellanía en Nueva York.*

Superación Integral para la Mujer

(Christian Women's Job Corps®)

Quién: Se ayuda a una mujer a la vez, dándole esperanza para un futuro mejor, a través del ministerio de Superación Integral para la Mujer. Las mujeres cristianas tienen la oportunidad para ministrar y testificar en un contexto de misiones al orar por, dar una ofrenda, y/o servir como voluntarias en este ministerio.

Qué: Cada centro de Superación Integral para la Mujer es distinto. Sin embargo, cada programa tiene los ocho elementos básicos: un concilio, el estudio bíblico, entrenamiento para la coordinadora del centro, pactos, evaluación, mentoras, asesoramiento de necesidades y "networking" ("redes" de relaciones entre personas que pueden ayudarse mutuamente).

Dónde: Por todos los Estados Unidos hay centros de Superación Integral para la Mujer. Muchos estados tienen por lo menos un centro, mientras otros tienen 20 centros o más. Se están desarrollando centros internacionales también.

Cuándo: Los ministerios de Superación Integral para la Mujer funcionan durante todo el año. Las estudiantes y sus mentoras se reúnen a menudo. Unos centros planean actividades especiales en verano para las estudiantes y sus familias.

Por qué: El Antiguo Testamento cuenta maneras para ayudar a las personas necesitadas. Si estudiamos la vida de Cristo y la manera en que El ayudó a los necesitados, vemos el desafío de seguir su ejemplo.

Cómo: ¡Todos pueden participar en Superación Integral para la Mujer!
- La oración es vital en el crecimiento de este ministerio valioso de la UFM.
- Puede ofrecer su ayuda por medio de la participación personal. Llame a su oficina estatal de la UFM (WMU) para información en cuanto a los centros de su estado.
- Para asegurar el futuro de este ministerio, se necesita apoyo financiero. Puede mandar un cheque a WMU Foundation (designado para Christian Women's Job Corps®), P. O. Box 11346, Birmingham, AL 35202-1346.
- Comparta con otros acerca de este ministerio.
- Si Dios le está llamando para comenzar un centro de Superación Integral para la Mujer en su comunidad, puede asistir al entrenamiento de certificación nacional para las coordinadoras de los centros.

Para más información:
(205) 991-8100
cwjc@wmu.org

encuesta de aprendiza

Nombre _____ Dirección _____

Teléfono (____) _____ Dirección electrónica _____

Edad _____ Casada/Divorciada/Soltera _____ Miembros de mi familia y sus edades:
_____

Profesión/Empleo _____ Educación formal _____

¿Es Ud. creyente? _____ Si lo es, ¿desde cuándo? _____ ¿Miembro de una iglesia? _____

¿Cuáles son las áreas de su vida en que necesita una mentora? *(Ejemplos: conocimiento bíblico, crecimiento espiritual, matrimonio, criar hijos, autoestima, sanidad emocional, enfermedad, etc.)*
_____

¿Cómo espera beneficiar de una relación de mentoría?
_____

¿Cuál es el mayor desafío o la mayor dificultad en su vida ahora mismo?
_____

¿Qué temor o temores tiene acerca de tener una mentora?
_____

¿Cuáles son las calidades que quiere que tenga su mentora?
_____

¿Cuáles son las actividades que le gustan hacer para divertirse?
_____

¿Cuáles son las calidades que le gustan de sí misma?
_____

¿Cuáles son las calidades que *no* le gustan de sí misma?
_____

¿Cuáles son sus metas para la vida?
_____

¿Sirve en alguna iglesia? Si así es, ¿cuáles son sus áreas de ministerio?
_____

Traducido, enero 2004. Original, © 1999 T. Scribner, E. Ellison

la mentora y la aprendiza pueden ...

- Participar en un estudio bíblico en la iglesia, en un hogar, en la escuela, en el trabajo, etc.
- Estudiar la Biblia juntas—sólamente las dos.
- Asistir a la iglesia juntas, los domingos u otros días.
- Asistir juntas a un club de mujeres cristianas u otras actividades cristianas en su ciudad.
- Participar juntas en los proyectos de ministerio de su iglesia..
- Matricularse en un club de libros cristianos.
- Ir de compras con otras creyentes o sólo las dos, ¡por todo el día!
- Ir juntas cada semana al supermercado.
- Caminar en un centro comercial local.
- Organizar o acompañar a grupos que van de paseo a las tiendas de descuentos.
- Orar juntas por las necesidades de la iglesia.
- Orar en cierta hora específica cada día dondequiera que estén.
- Orar una por otra, por las necesidades personales o familiares.
- Reunirse por las mañanas para tomar café.
- Reunirse por las tardes para tomar té.
- Mientras los hijos toman siesta, gozarse juntas de unos momentos tranquilos.
- Cuando los adolescentes asisten a la fiesta de la escuela, ir juntas a supervisarlos.
- Servir la cena, cada una a la familia de la otra.
- Servir a la familia de ella: limpiar su casa.
- Escribir notas de afirmación, mandar tarjetas o enviar flores en las ocasiones especiales.
- Cuidar de sus hijos para que ella tenga una noche libre.
- Juntas cuidar de los niños de otra madre que desesperadamente necesita un descanso.
- Gozarse de un deporte o hacer ejercicios juntas.
- Aprender juntas una nueva habilidad (punto de aguja, ganchillo, decorar pasteles).
- Leer las mismas novelas; dialogar después.
- Juntas empezar un pasatiempos de colectar, basado en algún interés común.
- Compartir recetas (especializar en comida china, italiana, francesa, judía u otra).
- Compartir información acerca de cómo mantener el carro.
- Seguir un curso en una universidad local o centro de la comunidad.
- Juntas obtener la certificación en CPR (resucitación cardiopulmonar).
- Visitar los museos en los pueblos cercanos; llevar algunos niños con ustedes.
- Tomar un retiro silente en un templo cercano.
- Corresponder frecuentemente por correo electrónico.
- Buscar en el Internet por lo relacionado con los intereses de la otra. Compartir lo que encuentre.
- Mantener un cuaderno acerca de sus experiencias compartidas.
- Compartir platos extras: que cada una prepare más que lo que necesita para su propia familia y comparta con la familia de la otra. Esto funciona bien si viven en el mismo vecindario y preparan la cena a la misma hora.
- Compartir sugerencias caseras (ejemplo: usar rocío de cabello para quitar manchas de tinta).
- Juntas servir un día de la semana (o mensualmente) en las oficinas de la iglesia.
- Viajar juntas al trabajo o a la escuela.
- Tomar turnos dando transporte a los hijos.
- Juntas hacer algo atrevido (globo aerostático, escalar rocas).
- Orar mientras caminen por su vecindario. Orar por lo que observen: ciertas situaciones, la apariencia de los hogares, los que allí viven, problemas.
- Orar mientras caminen o viajen por el centro de la ciudad.
- Planear un "retiro de mentoría" de un fin de semana.

notas a la parte I

Capítulo 1
[1] Robyn Claydon, www.pastornet.net.au/chmentor/women.html. Disponible 9 de enero de 2004.
[2] Bobb Biehl, *Mentoring: Confidence in Finding a Mentor and Becoming One* (Nashville, Tennessee: Broadman & Holman Publishers, 1996), página 19.
[3] Claydon, www.pastornet.net.au/chmentor/women.html. Disponible 9 de enero de 2004.
[4] Vickie Kraft, *Women Mentoring Women* (Chicago, Illinois: Moody Press, 1992), páginas 26–27.
[5] John Mallison, *Mentoring to Develop Disciples and Leaders* (Lidcombe, NSW, Australia: Scripture Union, 1998), página 11.
[6] Esther Burroughs, *A Garden Path to Mentoring* (Birmingham, Alabama: New Hope, 1997), páginas 8, 10.

Capítulo 2
[7] Edna Ellison y Tricia Scribner, *Woman to Woman: Preparing Yourself to Mentor* (Birmingham, Alabama: New Hope, 2000), página 5.
[8] Burroughs, página 40.
[9] Ellison, página 63.
[10] Claydon, www.pastornet.net.au/chmentor/htip001.html. Disponible 9 de enero de 2004.
[11] Citado por Ellison, página 49.
[12] Ibid.

Capítulo 3
[13] Janet Thompson, *Woman to Woman Mentoring: How to Start, Grow, and Maintain a Mentoring Ministry*, Ministry Coordinator's Guide (Nashville, Tennessee: LifeWay Press, 2000), página 28.
[14] Thompson, *Woman to Woman Mentoring: How to Start, Grow, and Maintain a Mentoring Ministry*, Mentee Handbook (Nashville, Tennessee: LifeWay Press, 2000), página 7.
[15] Ibid., página 8.
[16] Ibid., página 9.
[17] Ibid., páginas 12–13.

Capítulo 4
[18] Frances Vander Velde, *Women of the Bible* (Grand Rapids, Michigan: Kregel Publications, 1985), página 153.
[19] Véase Velde, páginas 227–233.
[20] Ibid., páginas 236–237.
[21] Ibid., página 245.
[22] Ibid., página 253.
[23] Henry Blackaby, *Mi experiencia con Dios* (El Paso, Texas: Casa Bautista de Publicaciones, 2000).
[24] Dee Ledesma, entrevista personal.

¿Por qué la UFM?

Participación

Ministerios

Misiones

Oración

Toda edad

¿Qué hace la UFM?
Ayuda a todos los miembros de la iglesia a ¡respaldar y celebrar la obra misionera! Lo hace por medio de estas áreas misioneras:
- Orar y ofrendar para la obra misionera
- Hacer la obra misionera
- Aprender acerca de la obra misionera
- Desarrollarse espiritualmente hacia una vida misionera
- Participar en la obra de la iglesia

¿Cuáles son sus organizaciones?
Mujeres Bautistas en Misiones • Adultos en Misiones
Adolescentes en Acción • Jóvenes en Misiones
Niñas en Acción • Niños y Niñas en Acción
Amiguitos Misioneros

¿Cuáles son las oportunidades misioneras por medio de la UFM?
- proyectos de ministerio
- énfasis anuales de oración por la obra misionera estatal, nacional e internacional, u orar por grupos de personas no alcanzados
- ministerios continuos de la UFM: Voluntarios Unidos; Cuerpo Cristiano de Trabajo para Mujeres (Superación Integral para la Mujer); Proyecto AYUDA; Agua Pura, Amor Puro; WorldCrafts[SM] (artesanías mundiales); Compañerismo Bautista de Enfermeras; Iniciativas Internacionales

La UFM está aquí para usted.
Para aprender más acerca de la UFM, y los ministerios que respaldamos, llámenos al 1-800-968-7301 o visite www.wmu.com y haga clic en "Información en español."

UFM
Descubra el gozo de misiones

WMU® www.wmu.com

Visite **www.wmu.com**
y haga un clic en el botón
al lado izquierdo que dice …

para más información acerca de la UFM, sus ministerios y ¡maneras en que usted puede participar!

Nuestra Tarea
Revista de misiones y ministerios

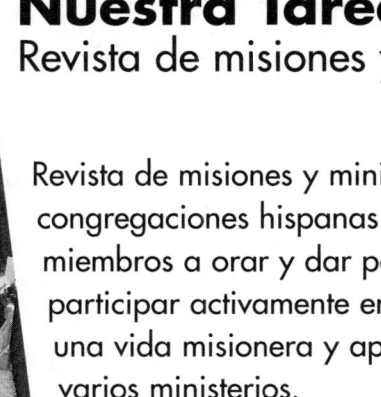

Revista de misiones y ministerios para congregaciones hispanas. Anima a líderes y miembros a orar y dar para la obra misionera, participar activamente en misiones, desarrollar una vida misionera y apoyar su iglesia en varios ministerios.

Para suscribirse, visite
www.wmustore.com
o llame al 1-800-968-7301
(para español, marque el 1).

¿El amor todo lo soporta?
Mirta Vázquez

Una charla sobre las crisis que afectan a nuestras familias.

La autora dice que su libro es una charla "con aquellas mujeres que están viviendo dentro de situaciones que son mucho más comunes de lo que imaginamos, pero que no dejan de representar un dolor muy especial."

Los capítulos tratan de la codependencia, la infidelidad, el abuso, el alcoholismo, la depresión y los hijos. Entre todo se trata de lo que es el verdadero amor firme.

Léalo usted, y compártalo con una amiga.

L024108, **$12.99**

Para pedirlo, visite www.wmustore.com, o llame al 1-800-968-7301 (para español, marque el 1).

acerca de las autoras

Libo Krieg, oriunda de Costa Rica, está casada con Norris Krieg y es madre de dos hijos, Nelly (22) y John (24). Es terapeuta física jubilada y vive en Houston, Texas, donde es miembro activa en los Ministerios de Misiones y Mujeres en la Iglesia "Second Baptist."

Ha servido como directora de la UFM de Houston, y ahora es miembro del equipo estratégico y conferencista para "Women Reaching Texas" (Mujeres alcanzando Texas) de la Convención Bautista General de Texas, y miembro del equipo estratégico para la Convención Bautista Hispana de Texas. Ha escrito para *Nuestra Tarea,* revista misionera bautista de la UFM. También ha servido como miembro del Grupo Hispano de Asesoría para la UFM nacional. *(Autora de la Parte I.)*

Abby Rodríguez, esposa de pastor y madre de Josué y Julia (15 y 12 años de edad), es maestra de preescolares en una escuela pública. Vive en Fort Worth, Texas, donde su esposo, Moisés Rodríguez, es pastor de la Primera Iglesia Bautista. El ministerio de Abby incluye el discipulado de niños, eventos especiales para mujeres, estudio bíblico y discipulado para mujeres. También escribió el folleto "Vivir entre culturas" para padres hispanos cuyos hijos crecen en una cultura diferente a la suya. *(Autora de la Parte I.)*

Edna Ellison ha dirigido la palabra a centenares de personas en los Estados Unidos y en el extranjero. Ha servido como consultora de ministerio para la Unión Femenil Misionera, la organización evangélica misionera para mujeres más grande del mundo. Es coautora de dos libros previos para mujeres, *Woman to Woman: Preparing Yourself to Mentor* y *Seeking Wisdom: Preparing Yourself to Be Mentored.* Vive en Carolina del Sur con su familia. *(Autora de la Parte II.)*